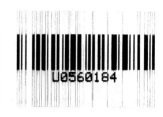

慢语文

回归与超越

章桂芳◎著

ZHEJIANG UNIVERSITY PRESS
浙江大学出版社
·杭州·

图书在版编目（CIP）数据

慢语文：回归与超越 / 章桂芳著. -- 杭州：浙江大学出版社，2025. 4. -- ISBN 978-7-308-26025-1

Ⅰ. G623.202

中国国家版本馆 CIP 数据核字第 2025NQ3998 号

慢语文：回归与超越

章桂芳　著

责任编辑　曲　静
责任校对　朱梦琳
封面设计　雷建军
出版发行　浙江大学出版社
（杭州市天目山路 148 号　邮政编码 310007）
（网址：http://www.zjupress.com）
排　　版　杭州好友排版工作室
印　　刷　杭州钱江彩色印务有限公司
开　　本　710mm×1000mm　1/16
印　　张　12.5
字　　数　179 千
版 印 次　2025 年 4 月第 1 版　2025 年 4 月第 1 次印刷
书　　号　ISBN 978-7-308-26025-1
定　　价　68.00 元

序

我曾经说过，语文教育的根本问题在功利主义。功利是必须的，功利主义则是可怕的。作为语文教育的主流价值观甚至是唯一价值观，功利主义将学语文、教语文的人当作工具，借由人这个工具，无限度、无操守地追逐语文教育的功利——更高的分数、更快的进度、更大的知名度和美誉度。

功利本身无可厚非，字词句段篇，必须积累；听说读写书，必须习得；语修逻文章，必须掌握。但是，功利主义只要“字词句段篇”、只要“听说读写书”、只要“语修逻文章”，人成了“语文”的受体和工具。这是典型的缘木求鱼、本末倒置。语文教育的所有问题，根子都在这里。

功利主义下的语文教学，以“快”为要。表现在教学评价上，轻过程、重结果，追求教学的短期效应；表现在教学范围上，轻个体、重全部，追求教学的眼前效率；表现在教学取向上，轻体验、重识记，追求教学的浅层目标；表现在教学进度上，轻分层、重统一，追求教学的平面价值；表现在教学领域上，轻审美、重功利，追求教学的显性指标。总之，功利主义下的“快语文”，以其快速推进的教学过程，扼杀了学生丰富的个性；以其快捷操作的教学策略，遮蔽了学生的美和想象；以其快步向前的教学进度，抛弃了学生本该拥有的兴趣,以及对语文、对人生的爱。

语文教学,该是慢下来的时候了。学生的语文学习,是一个从学得到习得再到用得的过程,这个过程不能快,也快不得。语文核心素养的发展,是一个从不懂到懂再到通透、从不能到能再到熟练、从不愿到愿再到热爱的过程,这个过程不能短,也短不得。语文教学,是一个从言到意再从意到言反复循环、螺旋上升的过程,它要循序渐进、虚心涵泳、熟读精思、切己体察,这个过程不能浅,也浅不得。

什么样的语文是慢语文?为什么慢语文才是语文教学的本质所在?如何践行慢语文?慢语文对学生语文核心素养的发展有着怎样的作用和意义?慢语文对语文教师的素养提出了哪些新的要求?诸如此类,正是《慢语文:回归与超越》一书在着力探索并努力回答的课题。

不是每个人都有慢下来的勇气,也不是每个人都有不怠慢的坚持。本书作者章桂芳老师提出并践行慢语文,恰逢其时。

慢语文是什么?我以为,慢语文是对语文教学本真的一种回归,是对理想语文教学的一种守望,是将语文的学科逻辑、学生的认知逻辑、课程的生活逻辑统一起来的一种践行。慢语文不是一味慢速,而是基于学生本位的轻负高效;也不是漫无目的,而是基于素养本位的深度浸润。

激趣需要慢功夫。慢语文,永远把兴趣放在第一位,也永远把激发和培养兴趣作为语文教学的起点。慢语文,舍得在语文学习兴趣上花功夫。慢慢写话,鼓励学生以说代写降难度,在读与玩中拓展写话思路、增添写话体验;慢慢习作,小火慢热,激活学生持续表达的需求,再将丰厚积累慢煮细炖,为己所用。因为,对于学习而言,只有热爱才是最好的老师;对于学生来说,兴趣才是驱散畏难情绪的最佳法宝。

启智需要慢节奏。慢语文,既强调语文学习要博学多识,所谓腹有诗书气自华;也重视语文学习要转识成智,所谓绝知此事要躬行。慢语文,舍得把课堂让给学生的思维展露、碰撞和提升。慢慢识字,循着学生身心发展的规律,尊重学生的生活体验,在构建汉字的思维中认识中国,树立文化自信,拓宽思维空间。慢慢读整本书，导读和推进要放慢脚步，分享亦如是。只有碰撞了思维，才能品味书的真意，见人所未见，发人所未发，进而在读书中照亮自己的生命。

习惯需要慢养成。慢语文，重在养成学生良好的语文学习习惯。习惯非一蹴而就，需要反复反复再反复、磨砺磨砺再磨砺，它不在一时一地地攻城拔寨，而是求持之以恒地守护家园。字要一笔一画工工整整写，书要一字一句认认真真读，话要一声一气安安静静听，文要一格一行规规矩矩写。慢慢书写，写出规范、写出格调、写出精气神；慢慢阅读，读出内涵、读出意蕴、读出真善美；慢慢习作，作出真情、作出实感、作出信达雅。正所谓，少若成天性，习惯成自然。原来，慢才行得稳，慢才走得远。

让语文慢下来，慢慢走，欣赏啊！

让学习慢下来，十年树木，百年树人，语文要为生长、为智慧、为未来而教……

慢语文，是铁杵成针；铁杵成针者，慢而有恒也。慢语文，是滴水穿石；滴水穿石者，慢而一心也。

是为序。

王崧舟

2023 年 11 月 16 日于泊静斋

目 录

第一章

慢语文:语文教学的本真回归

语文应当“慢”下来,让其回归最原始、最生态的本真状态;学生应当“慢”下来,让其认真地学习,点滴地积累;教师应当“慢”下来,让其静静地阅读,静静地思考。

第一节 慢语文:背景与意义

当今社会,“快餐文化”“快步经济”“火速文明”等新名词不断涌现,人们将“快”当成了做事的准则和目标,仿佛“快”等同于高效率。这种“快”的影子在语文教学中也随处可见:快节奏的“闪课”、大量信息材料堆砌的“拼课”、一目十行的“高效阅读”、“快速刷题,以量取胜”的应试教育……无不充斥在语文教学中。语文教学真的可以一“快”到底吗?我们需要冷静地思考。

一、光怪陆离的语文之教:慢语文衍生的背后

1. 怪状:遍地开花的快语文

只要你认真审视、思考我们的语文课堂,就会发现快语文的课堂已经遍地开花了。家常课教学还好,特别是公开课教学,教师为了追求所谓的高效、新颖、富有创造性的教学模式,经常进行“艺术表演”式的教学,结果就是

教师讲得天花乱坠,学生听得云里雾里。四十分钟过去了,学生便在恍惚无措之间和教师互道再见。囫囵吞枣、浅尝辄止、不求甚解、蜻蜓点水……这些仿佛成了公开课的代名词。难怪不少专家惊呼:“小学语文课真的要进入‘快时代’了。”这样的快语文是与真正的语文的本质相背离的,它既不符合语文教学的本质又不符合学生的认知发展规律,长此以往,语文教学必将深陷不健康的漩涡之中。

2. 思考:急功近利的快语文

教学的宗旨究竟是什么?当然是为了促进学生的发展,可我们的教学在许多情况下淡化了这个最为重要的宗旨,宗旨不明确是快语文的重要成因。公开课上,教师再也不是为了学生的发展而教,而是为了取悦听课评委、满足评课教师,实现某种教学宗旨以外的其他目的而教。在这样的宗旨下,我们的公开课往往注重机械的流畅、灵动的课件、精妙的语言,华而不实,落入俗套。

虽然公开课在日常课堂教学中占比不大,但是日复一日的家常课中存在的问题也导致了快语文的发展。家常课上始终有一根无形的线牵动着教师的课堂教学——评价机制。我们的评价机制带有应试色彩,使得一线教师把大把精力放在了钻研考试内容和应试技巧之上。部分教师以掌握考点、熟知考情为傲,长此以往,逐渐成为广大教师追寻的“真理”。于是,我们的语文课堂常常是这个样态:直奔主题,直击考点;考的精讲,不考不讲。路过教室时,也总能听到教师扯着嗓子声嘶力竭地喊:“比喻的作用要记牢;借景抒情的模板要抄写下去;写作文要开头两行半,结尾两行半,中间分三段……”我们的语文课陷入了“操之过急、操之过快”的境地,这种急功近利导致了快语文的发展。

3. 回归:语文的本真在于慢

张文质先生曾提出,“教育是一种慢的艺术”。他说,“好的教育一定是慢的”“即使是知识的获得,经常也是困难、艰苦、缓慢的过程;人的成长更是曲折、艰难的，有自己的规律，一点也勉强不得”①。语文教学的本真在于慢的艺术。只有让语文慢下来，才能逐渐探透语文的本真样貌。慢不代表拖泥带水，而是教师对学生进行引导，让学生真正地沉浸在语文学习当中，在阅读中探寻语言的滋味，在习作中感受文字的魅力，敢于并愿意大胆质疑，有兴趣运用语文知识解决生活中的实际问题，从而获得语文学习的愉悦感。慢语文是一种教学手段，更是一种理念、一种艺术，它符合语文工具性与人文性相统一的学科特点，符合学生的认知发展规律，是语文教育中的一颗启明星。

慢语文是在不健康的快语文的怪状下衍生而来的。教育本质上是一种慢的艺术。古人云，“欲速则不达”“十年树木，百年树人”，这就是慢语文的真谛所在。只有让语文教育慢下来，才能实现“润物细无声”“大爱无痕”“诲人不倦”“锲而不舍”等精神的传承。教育不能揠苗助长，它的生长需要时间的积累。正如毛毛虫破茧成蝶一样，不可急于求成。当语文教育慢下来时，便会收获奇迹般的精彩。

二、遵循与滋养：慢语文的意义探索

国务院原总理李克强强调，对教育的信仰就是要回归教育的规律，慢慢地、静静地、悄悄地做，不要浮躁、不要显摆，这才是教育新常态。② 北京大学中文系教授陈平原对语文教学也曾有这样一番论述：“语文教学的特点是慢热、恒温，不适合爆炒、猛煎，就像广东人煲汤一样，需要的是时间和耐心。”③语文教学之慢不是不追求速度，而是在追求速度的同时用更加适合学生成长的方式，针对不同的学生开展分层教学，将“细心”“耐心”“静心”的因子融入学生的语文学习，让语文的甘霖真正地滋养学生，让学生的生命得

① 张文质．教育是慢的艺术[M]．上海：华东师范大学出版社，2009．

② 李克强．教育走得太快，请等等落下的灵魂[EB/OL]．(2023-03-05)[2023-08-23]．http://www.sohu.am/a/45157347-157348．

③ 陈平原．“知道很多，体会很浅”当今文学教育的通病[N]．中国青年报，2013-06-19(1)．

到真实的绽放。慢语文的意义可以用“三遵循、一滋养”简言概括。

1. 遵循自然成长的规律

万物皆来自自然,万物的成长应遵循自然的规律。成长本身是一个慢的过程,如春日禾苗受到阳光雨露的滋养而逐渐成长,虽然肉眼不可见,但成长在悄无声息地进行着。放眼人类的成长,与自然界其他万物并无异样,也是循序渐进的过程。教师面对端坐在教室里的学生时就如同阳光雨露面对幼苗,急如闪电、狂风暴雨只会将幼苗摧毁,而春风化雨则能使其健康、茁壮。可有时教师容易受到急功近利思想的影响,在日常教学中容不了学生慢慢思考、慢慢表达、慢慢进步,这无疑是对生命自然生长的忽视和漠视。在摒弃这些急功近利的妄想,让教育的步子走得再“慢”些后,就会发现每名学生的独特之处。遵循自然生长的规律,是慢语文的第一要义,也是其重大核心意义。

2. 遵循语文教育的规律

常有人这样评价语文:“语文是最容易的学科了,背背古诗多积累就能学好。”这句话的科学性我们不妄加推测,但仔细琢磨之后发现还是有道理的,它揭示了语文教育的一大重要路径——鼓励、支持学生多积累。积累不是将一个物品由 A 处搬移到 B 处的过程,而是靠长年累月慢慢实现的。小学语文是所有学科的基础,语文学习的规律是多读、多写、多积累、多感悟、多实践。通过年长日久的熏陶感染,语文知识、能力、素养才能得到发展。静心思考,哪一个步骤是靠短期的突飞猛进就能实现的呢?因此,慢语文符合语文教育的规律,具体表现在以下三个方面。

真实性。慢语文是真实的语文教学,它不过分强调学生的知识掌握,而是从完善地塑造人的角度进行干预。有些教师以成绩论高下,讲究“快速识记,快速掌握”,只注重背诵和记忆而不重视理解,使学生的语文学习陷入怪圈,个人素养更是无从谈起。这样的教育可能在短时间内使学生收获丰富的语文知识,可学生的语文能力几乎为零。而慢语文却是真实的语文教育,它以实事求是为目标导向和教学原则,以学生的内在需要为方向,遵循学生已有的认知水平,在学生已有的基础上进一步提升,稳扎稳打,一步一个脚印,让学生真实感受语文之美、阅读之乐。

积极性。网络上曾有戏言:一怕文言文,二怕周树人,三怕写作文。似乎学生对语文的学习常常处于一种消极恐惧的心理环境之中。其原因主要来源于两个方面:一是语文学科本身注重积累,而积累需要理解后识记,这对学生的学习意志是一个不小的挑战;二是学生在学习语文时常常有挫败感,语文学科的考试考查机制不容半点差错,学生努力与学习回报不容易成正比,挫败感便油然而生。慢语文不求单纯的知识记忆,而以学生为本体、以尊重学生真实进步和发展为学习理念,让学生在面对语文时能重拾信心、赢回自尊、重树自信,对富有深广内涵的语文感兴趣,积极乐观地走进语文的世界。

高效性。高效从来与知识的多少无关,它讲究的是对知识真实的把握,对知识的理解以及从中引发的思考。慢语文理念下的课堂应当是教学目标清晰得当、教学方法适应学生、教学本质为了生长发展的。这样的课堂不在于教师讲解多少知识,而在于学生是否真正地领悟每个语文知识点;不在于教学手段是否灵动创新,而在于学生的理解是否明白、透彻;不在于教学环节是否流畅自如,而在于学生所学的知识是否有用,能否解决他未来人生路上将会遇到的各种问题。慢语文的课堂将看不见大量的机械重复作业,取而代之的是学生的主动探索、积极创造。在学生的需要和兴趣建立起来后,理解并运用文字便易如反掌,从而使学生的学习进入轻松愉快的心理环境之中。在这样积极的心态下,学生的学习效率自然有所提升。

3. 遵循素养养成的规律

《义务教育语文课程标准(2022 年版)》(以下简称《新课标》)对语文核心素养的定义更加具体化,它诠释了语文核心素养的定义,展现了新时代语文课程的内容。核心素养的培养不是一朝一夕就能够实现的,而是“慢工出细活”的过程。只有让语文学习慢下来,学生才能逐渐体会语文的本质,才能感受祖国语言文字的魅力,进而形成核心素养。

4. 滋养渗透的慢语文

除了“三遵循”外,慢语文还有其独特的滋养意义。慢语文的滋养渗透在识字、阅读、习作等语文教育的每个领域,具体表现在以下五个方面。

慢语文滋养识字写字。识字教学是小学低年级的重要教学目标,也是一项主要的学习内容。慢语文渗透下的识字写字是从字理、字形、故事、内涵等多角度出发进行汉字文化的滋养,让学生在理解层面学会识字写字、爱上识字写字。

慢语文滋养阅读。传统的阅读教学注重知识的积累,但过分强调习作方法必然忽视文章本体的价值。慢语文将阅读内容当作例子,在引导学生领悟思想、习得知识的同时更加注重学生思维的发展,其外在表现为学生能对阅读内容进行批注、提问等。慢语文逐渐滋养学生对阅读文本的深刻认识,进而拓展他们的思维。

慢语文滋养习作。关于习作,慢语文认为写什么远比怎么写更加重要。怎么写解决的是习作方法和手段的问题,对于学生来说,习作方法远不如习作内容关键。慢语文渗透下的习作教学秉持“我手写我心”的原则,鼓励学生写自己内心的真实想法,抒发真实的感受,使得学生逐渐敢写、爱写、乐写。

慢语文滋养古诗文学习。统编版小学语文教材按照“人文主题与语文要素”双线并行的方式编排译文。单元中唯一一类具有特殊性的课文便是古诗文。古诗文是中华优秀传统文化的结晶,它富含文学、文化的精髓。慢语文渗透下的古诗文教学提倡以有趣好玩的诗人、文人的背后故事取代简单枯燥的文化简介,以书声琅琅的丰富朗读取代逐字逐句的乏味翻译,以自主提问的思维辨析取代机械枯燥的诗文背诵,使古诗文的学习知识与乐趣并重、思考与理解并重、文化与传承并重,滋养学生对古典文学和古典文化的热爱。

慢语文滋养整本书阅读。《新课标》提出了学习任务群的概念,整本书阅读正式以学习任务群的身份走进了学生的语文学习世界。三位一体下的整本书阅读不是单篇课文的知识外延,而是进一步深刻走进文学的必要过程。慢语文渗透下的整本书阅读注重阅读大问题的引领、阅读好方法的运用、阅读思维的介入,使整本书阅读成为具有高密度思维量的阅读,以及具有丰富情感的多元阅读。

在快语文横行的当下,语文教育呼唤慢语文,亟需慢语文,亲近慢语文。慢语文是一种理念,更是一种独到的方法,它带着遵循和滋养的重大意义正在逐步走进新时代的语文教育,这无疑是一场对一线教师的重大考验。每一位教师都必须认真思考语文教育之路未来何去何从,让我们在教育学生的同时又能有自己的独立思考,让语文之花结出智慧之果。

第二节　慢语文:愿景与理念

相比于《义务教育语文课程标准(2011 年版)》(以下简称《老课标》)而言,《新课标》在学科定位、目标设置、课程内容等方面作出了进一步的详细阐释。慢语文的愿景与理念也随着《新课标》被定义,它是基于《新课标》而言的。

一、基于《新课标》的慢语文愿景

慢语文的愿景将从课程目标、课程内容、课程资源、课程实施以及课程评价五个维度进行阐述。

1. 慢语文的目标愿景——立足“立德树人”,瞄向“核心素养”

语文课程标准是培养目标的具体化,是教育主体对语文课程设想的预期结果,是语文教学活动的出发点和落脚点。无论语文课程如何变革,其核心目标永远不变,即以“立德树人”为根,以“核心素养”为本,这也是慢语文所追求的课程目标的体现。慢语文将语文课程目标清晰化、具体化,重新强调“立德树人,核心素养”的课程目标价值。课程目标影响语文课程的一切操作,如课程内容、课程实施等。在“立德树人,核心素养”的课程目标下,课程内容的取舍、课程实施的形成、课程评价的客观才能有所保障。

2. 慢语文的内容愿景——立足“全面实用”,瞄向“跨界统整”

课程内容是由反映人类经验和文化的概念、理论等构成的知识体系,是联结师生互动和交往的介体。《新课标》完善的课程内容是立足“全面实用”、瞄向“跨界统整”的,具体表现在以下四个方面。

第一,学习任务群概念的提出。《新课标》首次提出了“学习任务群”的概念,以学习任务群的形式来组织和呈现课程内容,告别了单一的语文任务展现。

第二,强调“跨学科学习”。“跨学科学习”是《新课标》的一项重要举措,增设跨学科学习,加强了学科间纵向与横向的联系。

第三,语文课程内容强调语文实践活动的内在关联,体现实践性与系统性。语文课程既不是知识性的课程,也不是情感性的课程,它是联结语文实践活动的综合性、实践性的课程。

第四,以学生全面实用的知识为主。精选现代社会所需和学生终身学习必备的基础知识,加强了语文学科与现实生活的联系,注重学生语文实践能力的培养,致力于学生的全面发展。

《新课标》提出的课程内容愿景与慢语文所倡导的基于学生、发展学生的理念如出一辙,它既照顾了学生学习的广度,又发展了学习的深度。

3. 慢语文的资源愿景——立足“数字资源”,瞄向“共建共享”

课程资源是指在课程设计、实施和评价等过程中可利用的一切人力、物力以及自然资源的总和。相对于《老课标》来说,《新课标》在“课程资源开发与利用”部分明确了课程资源开发的理念,强调了网络时代背景下对信息技术的利用,鼓励调动多元主体力量,提倡课程内容的有机整合,优化教与学的活动。慢语文理念下的语文课程资源更加侧重“数字资源”的整合,建立网络数字资源库,以达到共建共享的学习模式。“数字化课程资源共建共享”描绘了未来语文课程资源建设的数字化、信息化和共享化图景。在“互联网+”的时代背景下,语文课程资源的共建共享既是时代发展的要求,也是满足多元主体教育需求的重要途径。

4. 慢语文的实施愿景——立足“情境教学”,瞄向“学生主体”

自李吉林提出“情境教学”理论后,经过几轮语文课程改革和教学实践的验证,“情境教学”符合学生身心发展规律,有益于创设积极的语文课堂。慢语文理念下的“情境教学”意在创设有益于学生思考的问题环境,以情境化的教学环节推动课堂的进行、教学活动的开展。在大情境的环境下,教师应尊重学生在学习活动中的主体地位,以学生的“学”代替教师的“教”。《新课标》专门设置了课程的实施模块,对语文课程的实施进行了阐释,强调学生在主体性实践中生成经验,培育学生的核心素养,体现了学科的协同性、开放性和情境性等特征,并描绘了义务教育语文课程实施的图景。慢语文理念强调教师观念的转变,慢语文理念下语文课程的实施,应从以教师为主的单一的实施逐渐转变为师生协同实施。课程实施是师生之间通过协商、互动与合作将课程方案付诸实践的过程,学生在语文课程实施过程中的参与、实践以及对课程的理解和体验是衡量语文课程教学成效的重要标准之一。从课程实施方案的制定,到课程实施过程的展开以及课程实施成效的评价等,都需要师生之间的协同协作。

在《新课标》的引领下,慢语文的课程实施在情境教学的大环境下,更加体现学生的主体性与能动性,更加突出课程实施过程与学生生活、经验和实践的联结,更加强调学生在主体性实践中生成经验并发展核心素养。

5. 慢语文的评价愿景——立足“学生发展”,瞄向“多元评价”

课程评价是指基于特定的标准、运用一定的方法,对课程活动的组成要素及其成效进行分析并作出价值判断的过程。慢语文理念下的课程评价是立足于“学生发展”这一核心思想,瞄向“多元评价”模式的评价体制。《新课标》中的课程评价内容更加具体明确,体现了“发展性”与“可视化”的特征。其中,“发展性”在慢语文的理念中对标“学生发展”,即通过课程评价优化课程内容设计,解决教师的教学问题,推进学生的学习进程,促进学生全面发展。《新课标》指出:“过程性评价应有助于教与学的及时改进。教师要有意识地利用评价过程和结果发现学生语文学习的特点与问题,提出有针对性的指导建议,促进学生反思学习过程、改进学习方法。”这是对广大教师提出评价必须围绕“学生发展”的主题的明确要求。“可视化”对标的就是“多元评价”。“可视化”的评价强调多种评价方式共同助力学生发展,语文课程评价的“可视化”更体现为循证课程评价。《新课标》提出,语文课程评价应依据各学段的学习内容和学业质量要求,广泛收集课堂关键表现、典型作业和阶段性测试等数据。在《新课标》的引领下,慢语文课程评价打破了只注重终结性评价测试结果的现状,要求关注学生过程性表现资料的收集,着重考查学生在真实情境中所展现出来的情感态度和综合能力。

慢语文的课程愿景是基于《新课标》而言的,脱离《新课标》来谈课程愿景是一种违背课程科学的举措,是无源之水、无本之木。慢语文在课程目标上讲究“立德树人,核心素养”;在课程内容上注重“全面实用,跨界统整”;在课程资源上以“数字资源,共建共享”为目标;在教学实施上遵循“情境教学,学生主体”的发展规律;在课程评价上则注重“学生发展,多元评价”的模式。

二、基于“学生发展”的慢语文理念

无论哪种语文教育理论或流派都以“学生发展”为核心任务,慢语文也是这样,遵循学生的真实体验和发展是其核心目的。在具体的语文教学过程中,慢语文基于“学生发展”提出了三大理念,即盈科而进——教学过程的循序;以学定教——教学模式的翻转;勾连生活——教学实践的追求。

1. 盈科而进——教学过程的循序

“盈科而进”一词最早出现在《孟子》一书中,是亚圣孟子的重要教育思想之一,其主旨在于要想进步、提高,必须打好坚实的基础。慢语文理念下的教学过程就是盈科而进的过程,是教师对学生循循善诱,将知识由浅入深地教授给学生的过程。

慢语文尊重每名亟需发展的学生,因为学生的发展存在认知、意识、情感等方面的差距,教师在课堂教学中就要敢于放手、善于引导,保证每名学生都能有所提高。因此,课堂教学应该回归学生的认知实际和认知需要,给予学生更多预学和深思的时间与空间,让学生在各自的最近发展区域内逐渐获得提升。通过“小步子”提升,挖掘更大潜能,因此教学的过程必须是循序渐进的。

2. 以学定教——教学模式的翻转

课程改革发展到今天,“有效”成为各学科教学面对的最大命题,而这也正是广大一线语文教师最深最久的隐痛。追求“有效”,就是要正视我们的课堂现实,剖析我们因袭的那些“以为然”而“不尽然”的做法;就是要追究学生语文素养形成中的那些核心要素,探求影响这些要素变化的策略方法。随着《新课标》理念的深入普及,以学定教被大家公认为是追求有效课堂的必需。在教学中,教师常常会考虑学生已经知道了什么,还有哪些内容能够通过学习被理解,这无疑是以学生为本的一大进步。但要深化以学定教的理念,就要真正地进行教学跟进,就要真正地关注学生的动态学习,这样的教学才更具内涵与价值。

慢语文主张让学生先学一步,鼓励他们带着问题主动思考,在探寻目标的过程中找到明确的发展定位。先学后教,使学生在独立探学的基础上形成更有宽度的感知,并与课堂教学产生融合。让学生的自学成为语文教学的主旋律,改变教师以往独霸讲台的被动式学习模式。在教学中,教师积极主动地关注学生的独立思考,多设计能够引起学生思考的、带有思维含量的问题,帮助他们在聚焦难点的过程中找到认知中心,充满怀疑地进入课堂。多给学生自主发言和主动表述的机会,让他们在自由思考的过程中找到发散点,从而增强学习的独立性。

3. 勾连生活——教学实践的追求

《新课标》指出,语文课程应以任务为载体,整合学习内容、情境、方法和资源等各种要素,设计语文学习任务群。如何实施语文学习任务群呢?北京师范大学教授郑国民在有关《新课标》解读的系列论坛上强调:“要结合学生的生活,努力沟通生活与语文学习的联系,创设真实的语文运用情境,结合教材资源统整出语文学习主题,根据语文学习任务设计典型的语文实践活动,引导学生开展语文实践活动。”[①]由此可见,脱离学生真实生活的教学实践活动是伪教学。只有源于生活的语文教学,才能使学生获得更多的深刻体验。慢语文通过丰富多彩的实践尝试,促使学生在不断探究思考、交流反馈的过程中获得学习的灵感,在举一反三的过程中获得真实的感悟和体验。慢语文提倡:勾连生活,使语文资源更具真实感和趣味性,让语文更有真情;勾连生活,使学生带着激情和兴趣主动走进课堂,让语文更有味道。

总之,慢语文教学提倡勾连生活,使教学不脱离生活,让学生获得更多自主预学和自助互学的机会,让他们在自我尝试的过程中生成敏锐的思维语感,提高综合运用能力,从而走出依赖教师讲解和工具书解读的学习模式。教师要以学生的认知需要为教学的出发点,突出盈科而进、以学定教和勾连生活,让学生在真学中提高认知、发展思维。

第三节　慢语文:样态与路径

语文教学需要慢下来,需要符合语文教学的规律,符合学生身心成长的规律,符合学生学习语文的规律,回归小学语文的本原,用有形的抓手构建慢语文理念下的小学语文教学新样态。

一、慢语文的基本教学样态

慢语文的基本教学样态表现在听说读写等方面,教师要引导学生慢慢听,听懂意思;慢慢说,说出条理;慢慢读,品出内涵;慢慢写,写出精彩。让慢语文真正成为语文教学的常态。

1. 耳朵慢下来——“慢慢听”的语文课堂

“听”是耳朵的一种特殊能力。在“听”的过程中,人们能够获得信息,并

---

① 郑国民.《义务教育语文课程标准(2022年版)》论坛讲座[EB/OL].(2022-05-01)[2023-09-12].https://v.qq.com/x/page/n3335mchsmd.html? ptag=bing.com.

将获得的信息通过耳朵传递给大脑，大脑进而将获得的信息进行二次加工处理，排除无用信息，保留有用信息。在小学语文课堂上，听讲很重要，它包括听教师讲、听同学讲。慢语文主张“慢慢听”，根据不同年级的学生选取不同的听的材料，有针对性地进行“听”的训练。

“听”的材料。不同年级的学生所选取的“听”的材料有所不同，这是由学生自身发展规律决定的。一、二年级学生注意力不容易集中，学习内容以字词和朗读为主，在选择“听”的材料时，应考虑文字内容简单、韵律明显、趣味性强、形象生动、情感态度显而易见的儿歌童谣等文本作为听力素材。三、四年级学生已经养成了一定的学习习惯，有了一定的文字基础，学生的学习内容以阅读为主，在选择“听”的材料时，多考虑内容丰富、故事情节跌宕起伏、感情色彩较为浓烈的故事文本做素材使用。五、六年级学生以阅读与习作为主，他们已经掌握了一定的阅读方法，具有较强的阅读认知能力，对文本的选择要求需要相应提高，在选择“听”的材料时要从多种文本类型着手，尽可能从学生的生活中挖掘文本素材，贴近学生的生活语言交际环境，这样更有利于“听”的能力培养的全面性。

“听”的方式。“慢慢听”是一个长期的过程，不是一朝一夕就能成就的。在确定好“听”的材料后，学生就要处于长年累月的学习过程中。慢语文要求教师在课堂上放慢讲授速度，确保教师发出的一词一句都能清晰准确地进入学生的耳中，使得学生明确教师的思想。在课堂上，教师可以将学生“听”的训练与教学内容紧密结合，如利用学习提示等指示性较强的工具训练学生听的能力。在课后，教师可以有目的地设计“听”的练习，如“听”的微课程、手抄报等。

2. 嘴巴慢下来——“慢慢说”的语文课堂

语言的作用是交流，语文教学的一个核心内容应该是让学生学会说。然而，在应试教育的影响下，越是高年级，学生在语文课堂上越不愿说。学生习惯了不停地记和写，从未感受过慢节奏的语文课堂应该是什么样的。因此，适当放慢教学速度，尽可能给学生创造多一点说的机会，让学生“慢慢说”,通过发言、讨论问题、交流感受等形式把头脑中的想法表达出来。“慢慢说”就是要让学生敢于说、大胆说、爱上说。

完善的奖励机制,让学生大胆说。教师可以对回答问题的学生给予奖励,以此激发学生回答问题的欲望。对不敢说的学生进行鼓励,多与这类学生沟通交流,为他们加油打气。

丰富的小组讨论,让学生爱上说。在讨论过程中,学生就会积极地去说,教师在设计讨论的问题时也要注意难度适中。

教师的示范引领,让学生学会说。教师在教学中可以做示范,让说更有条理,学生正确复述教师示范的内容,有助于提高学生说的能力。

3. 眼睛慢下来——“慢慢读”的语文课堂

“慢慢读”更侧重于品读,讲究的是学生对文本的品析能力。慢语文以对文本的品析作为读书的重点,通过品读训练拓展学生的思维,使学生养成“大胆质疑、小心求证”的良好品质。这就要求语文课堂教学要放慢脚步,留给学生充分的阅读时间。

品整体,感知全文。这是品读的一个环节,即对文章的整体进行把握。人类在认知事物时总是遵循从整体到部分再到整体的基本规律。如果没有整体上的感知,就可能出现类似盲人摸象的笑话。语文教学也是如此。学生只有对整体把握清晰,才能对内容有更深刻的理解。慢语文的课堂总是由大问题串联教学内容的,大问题的设计思路也要考虑学生对文本整体的把握。

品细节,有情境。自李吉林提出“情境教学”的教学思想以来,许多教师都在试图研究、实践这种教学主张。《新课标》也将情境教学纳入其中,使得情境教学在语文教学中有了重要的地位。创设情境进行文本品读也是慢语文的基本模式。学生在情境中感受文本的魅力,细品语句,产生共鸣。

4. 小手慢下来——慢慢写的语文课堂

习作是一种能力,是靠笔触表达内心想法的方式。《新课标》对不同年级学生的习作设置了具体的要求。慢语文讲究习作流淌在每一节语文课上，并不是只有习作课才有习作，任何一节课都可以融入习作的因子。

兴趣当先，爱上写。学生不愿意动笔写是因为对习作没有任何兴趣。慢语文不求速度快，但求让学生真正有提高。这就要求教师在习作教学时放慢脚步，创设各种各样的情境，采用多元丰富的手段，让学生喜欢习作，产生习作的兴趣。

方法引路，学会写。叶圣陶先生说过："读与写甚有关系，读之得法，所知广博，眼光提高，大有助于习作练习。"①可见，读书与习作是分不开的。慢语文的习作课是讲究方法指导的，要把方法的指导作为教学的重点。

保证时间，慢慢写。学生在习作时要有充足的时间。有些教师将习作当成走过场，蜻蜓点水、浅尝辄止。这既不能培养学生的习作能力，也不能调动学生的习作习惯。当下，许多教师在课堂教学时会给学生预留出习作的时间，这是一种值得鼓励的现象。需要注意的是，既然课堂上让学生动笔写，就要让学生写得真实，让学生写出内心真正的想法，而该环节的保障就是让课堂教学慢下来。慢语文的习作课堂必须要慢下来，真正实现"简简单单教习作、本本分分为学生、实实在在提能力"。

慢语文的基本样态表现在听说读写四大能力的提升上，不论哪一种能力的提升，都需要教师静下心让语文教学慢下来。只有慢才能将这些能力逐一体现，让学生爱上语文。

二、慢语文的实现路径

慢语文的实现路径是渗透在每一节语文课堂上的，包括阅读课、习作课、整本书阅读课等。不同类型的语文课程呈现出的慢语文也是不同的，如阅读课慢语文的实现路径主要在于学生的分析与理解，习作课慢语文的实现路径则有着思维表达因子的存在。虽然不同类型课程的慢语文有着不同的实现路径，但慢语文也有着共通的实现路径。它主要表现在以下四个

① 叶圣陶．叶圣陶语文教育论集[M]．北京：教育科学出版社，2015．

方面。

1. “慢思考”——预留足够的思维空间

慢语文的教学理念注重教学的深度与广度，力求让学生的思维在学习中得到最大的拓展。教学时，教师应摒弃“满堂灌”“一言堂”等现象，留给学生一方思维的田地，让学生的思维得到发散和深入。既然想要尊重学生的主体地位，想要学生的思维得到发散和深入，就需要教师给学生预留出足够的思考空间，让学生的思维有足够的时间来发散和深入。思考慢下来，是实现慢语文最为基本的路径。

2. “慢过程”——展开充分的学习过程

教学重“知识传授”而轻“方法指导”是我们当下小学语文教学的普遍现象，似乎知识的传授是一种有形的、可操作的、易评价的教学理念，而教学方法则是看不见摸不着的、操作起来棘手麻烦的、评价又无从下手的模式。这就让课堂教学完全不讲方法，只停留在知识传授的维度上。长此以往，学生得到了一些极容易在书本或网络上就能得到的知识，而真正的语文素养则无从谈起。基于此，想要在课堂教学中实现慢语文，就必须将方法落实到位。统编版小学语文教材为慢语文提供了很好的实现路径，在每个单元都设置了“语文要素”，细细研究就能发现“语文要素”就是最为有形的学习方法。教师应关注“语文要素”，并保证在每一节语文课堂上将其落实。

3. “慢表达”——给学生发言的自由

表达是语文课堂上必不可少的一环，课堂上的疑问提出、问题回答，习作时的“我手写我心”都属于表达。慢语文的实现也不能缺少学生自由大胆、翔实有序的表达。在课堂上，教师应尊重学生的表达意愿，让学生敢说、会说，而且说得好；在习作教学中，则让学生愿写、爱写、会写。只有学生愿意表达、能够表达，才能实现慢语文的教学效果。

4. “慢评价”——尊重主体的感受

教学活动是以学生为主体、以教师为主导的活动。因此，学生在教学当中居于核心地位。慢语文强调尊重学生个体的感受,放慢教学的脚步,放慢对学生的评价,让学生从教师的评价中受到莫大的激励,从而更好地促使学生语文能力的发展。慢评价,慢出激励与个性。

慢语文的实现并非一朝一夕,需要长时间的积累与磨炼。这需要我们每位教师首先在观念上就要树立起慢语文的教学习惯,让语文教学慢下来,带着学生走进文本、深入文本,回归到最本真的语文天地。

第二章

慢语文理念下的识字教学策略

字词句段篇一直都是阅读教学认知体系中的主旋律。统编版小学语文教材中字词的编排关注生活，识用相连；注重能力，多元发展；传承文化，丰厚底蕴。基于此，在慢语文理念的指引下，我们在识字教学上作了新的思考与尝试。

第一节　实：打开学生的生活通道

识字教学讲求实，即利用学生已有的生活经验，打开学生的生活通道，让学生的语文学得更扎实、更深入、更丰厚。

一、巧明字义，让课堂更充实

汉字是音形义的统一体，如果不从含义上分清生字词，学生很容易写错生字或用错词语。教学时，要引导学生在具体的语言环境中运用多种方式理解生字词的含义。

1. 创新形式，理解生字词的含义

一、二年级是发展学生形象思维的最佳时期。在识字教学中，利用生活元素，以儿歌、谜语等形式来帮助学生识记生字、理解含义是非常有效的。

统编版小学语文一年级下册《端午粽》课文中有两个生字“总”和“节”，

是学生比较常用的字，如何利用生活经验让学生学得有趣、学得有效、学得扎实？在教学中，在学习了“总”之后，我是这样教学“节”的。

师：你在什么地方见过它（“节”）？

生：我在电视里见过“节目”。

生：学校里有阅读节、艺术节。

生：学校宣传海报里有科技节、体育节。

师：除了这些节，你们还知道哪些节？

生：我还知道清明节要扫墓。

生：我知道五月初五是端午节。

生：我知道八月十五是中秋节。

生：还有春节、重阳节。

师（出示课后练习）：你们真能干，那能把这些节日和习俗连一连吗？

师：老师把“总”和“节”连在一起，编了一首问答歌，我们一起来读一读。

元宵节，我们总爱吃什么？

清明节，我们总爱吃什么？

端午节，我们总爱吃什么？

中秋节，我们总爱吃什么？

春节，我们总爱吃什么？

这样的设计，不仅让学生认识了“总”和“节”，在问答歌中巩固了“总”和“节”，还让学生了解了各种节日和节日习俗。

2. 渗透推测，培养识字能力

我们可以指导学生在遇到不认识的生字时，根据汉字的部首、构字部件等推测汉字的含义。在统编版小学语文一年级下册《古对今》课文中有“晨”“暮”“朝”三个含有“日”的生字，如何指导学生理解这三个生字的含义呢？我引导学生根据“日”在生字中的位置，联系实际生活，推测生字的含义。

师：大自然可真神奇，不仅有春夏秋冬四季的变化，还有太阳东升西落的变化。

师(出示字卡:晨、暮):仔细观察这两个字,你发现它们有什么共同点?

生:这两个字里都有一个"日"字。

师:小眼睛真亮。"日"就是我们通常说的太阳。你能根据"日"在生字中的位置,猜一猜"晨"和"暮"代表的是什么时候吗?

生:"晨"的日在上面,代表白天;"暮"的日在下面,代表晚上。

师:是的。早晨,太阳升起,所以"日"在头顶上;傍晚,太阳落山,"日"就跑到了下面。这两个字意思相反,所以课文是怎么写的呢?

生:晨对暮。

师(出示字卡:朝):咦,那为什么"朝"里有太阳,也有月亮呢?你在生活中,有没有看到过这样的景象?

生:爸爸妈妈带我去看过日出,太阳还没有完全升起来的时候,天不是很亮,还可以看得到月亮。

师:没错,太阳刚刚升起的时候,月亮还没有落下,这个时候就是朝。我们把刚升起的太阳称为朝阳,把早上的云霞称为朝霞,而傍晚的太阳我们则称为夕阳。难怪文中写到朝霞对夕阳。

"识字"是学生阅读和书写的钥匙,引导学生联系生活实际,分辨字词差异,推测字词含义,有助于培养学生的识字能力,从而循序渐进地增加学生的阅读量。

3. 巧妙迁移,拓展理解运用

在统编版小学语文教材中,有些生字词语离学生的实际生活有些远,特别是对于低年级的学生来说,有些难以理解。这就需要我们巧妙迁移,联结生字新词和学生已有的知识经验,帮助学生在生活情境中理解词语。

在教学统编版小学语文二年级上册《坐井观天》课文时,考虑到学生对"井"不熟悉,对"井沿"这个词也较为陌生,我是这样教学"井"和"沿"这两个生字的。

师(出示字卡:井):同学们,井是我们的新朋友。你们知道井的样子吗?

师：真会观察。一口井来到了我们的课堂上(出示井的图画)，快来跟它打声招呼吧！请你们给“井”找找词语朋友！

师：小鸟飞来，落在了井沿上。谁知道井沿在哪里？上来指一指。

生：井旁边的这一圈就是井沿。

师：“沿”就是“边”的意思，“井边”就是“井沿”。老师考考大家有没有掌握“沿”的意思。找一找，教室里藏着哪些“沿”？

生：桌子的边可以叫桌沿。

生：窗户的边可以叫窗沿。

师：生活中也藏着许多“沿”的好朋友，小河的边就是什么？

生：河沿。

师：床的边缘就是什么？

生：床沿。

师：帽子的边就是什么？

生：帽沿。

运用同样的方法，我这样教学统编版小学语文二年级下册《蜘蛛开店》课文里的生字“罩”。

师(出示字卡：罩)：请小老师来带读这个字。

师：小老师们，你们有什么好办法认识这个生字？

生：可以用加一加的方法，下面是“桌子”的“桌”去掉撇和捺，上面是一个“四”字。

师：上面是一个“四字头”，下面是“卓越”的“卓”。瞧(出示字卡：小篆“罩”)，小篆的“罩”是这样写的，“四字头”就像是网，一张网盖着下面的东西，就叫罩。

师：罩着嘴巴，就称为什么呢(口罩)？

师：罩着桌子，就称为什么呢(桌罩)？

师：罩着电灯，就称为什么呢(灯罩)？

师：瞧瞧，“罩”的朋友可真不少。

通过回忆生活中熟悉的事物,引导学生将识字与生活经验相联结,拓展生字的运用,从而加深学生对生字的理解,进一步掌握生字的内涵。

二、趣猜字音,让课堂更扎实

统编版小学语文教材设置的“猜读识字”旨在培养学生的直觉思维能力,即在整体上考察思维对象,调动知识经验,通过丰富的想象作出敏捷迅速的假设、猜想或判断。我们可以用图文对照、勾连语境、巧用构字等方法指导学生解码字音。

1. 图文对照,擦亮字词

一、二年级课本中“猜读识字”类的课文配有精美的图画,这些课文都是学生感兴趣的连环画式文章,而课后习题“在图画的帮助下,你猜出了下面加点的是什么字吗?”也给学生的学习提供了思考。

在统编版小学语文一年级上册《小蜗牛》课文中,“蘑菇”“发芽”“草莓”等词可以直接借助图画来推测读音。因此,我是这样指导学生猜识生字的。

师:同学们,接下来我们挑战一下,借助图画猜词语。如果你本来就认识这个词,先不要急着回答,可以做小评委哦!

师(出示图画和词卡:发芽):借助图画猜猜看,这个词是什么?

生:小树。

师:小评委,他说的对不对?

生:不对,我们学过“小”这个字,不是这样写的。

师:猜字也要有根据,咱们不光要看图画,还要看字。谁再来猜一猜?

生:我认识左边的“发”,我看到图画上小树长出了小叶子,所以我猜这个词念“发芽”。

生:“芽”上面是草字头,下面是牙齿的牙,所以我猜这个字念“芽”。

师:同学们真会猜读,既能够仔细观察图画,又能联系自己学过的字。

师(出示图画和词卡:草莓):猜猜看,这个词念什么?和什么有关?

生:草莓和植物有关,因为这两个字都是草字头。

师：是的。我们不仅可以借助图画猜读，还可以关注生字的部首进行猜读，相信我们可以用这样的好办法认识更多的生字。

苏霍姆林斯基曾经说过："儿童是用形象、色彩、声音来思维的。"[①]引导学生借助图画识记生字、感悟课文中的生词，可以充分展现词语的亮度。

2. 勾连语境，猜想词义

词语在不同的语境中有不同的含义，即使在同一个语境中，也可能有多重含义。勾连课文的语境猜想词义，也是理解生字、词语的好方法。

统编版小学语文一年级下册《咕咚》这篇课文有这样一道课后习题：在课文中找出不认识的字，猜猜它们的读音。课题"咕咚"也是需要学生猜识的词语。因此，我是这样教学《咕咚》里的生字的。

片段一

师：同学们，我们玩个游戏。我说小动物，你们来模仿一下它们的声音。

师：小老鼠小老鼠(吱吱吱)。

师：小鸭小鸭(嘎嘎嘎)。

师：小羊小羊(咩咩咩)。

师：真是一群可爱的小动物。刚刚同学们所说的这些词都是表示声音的，而且都带有口字旁，像这样的词语，我们称为象声词。

师(出示词卡：咕咚)：猜一猜，这个词和什么有关？

师(出示图画和课文)：来验证一下我们的猜测。看看书上的图画，再读一读句子，你知道什么是"咕咚"了吗？

生：课文第一自然段告诉我们，木瓜从树上掉进湖里，"咕咚"。所以"咕咚"就是木瓜掉进湖里的声音。

师：原来木瓜掉落的声音就是"咕咚"，难怪这两个字都是口字旁。

师(播放木瓜掉落的咕咚声)：听一听，是不是这个声音。

师：老师把这个声音变成了词语，看看谁能念好这个声音。

---

① 苏霍姆林斯基．给教师的建议［M］．杜殿坤，编译．北京：教育科学出版社，1984．

师:听到这个声音,你有什么样的感受?带着这样的感受再来读一读这个词。

片段二

师:在这群跟着跑的小动物里,藏着两个生字。瞧(播放“羊”字的演变视频),很久很久以前,人们在甲骨上绘出了羊的样子,这就是早期的文字,再经过一系列演变,变成了现在简化的汉字。

师(出示“象”的象形字图画):猜猜看,这个字念什么?你们是怎么知道的?

生:象。看图画猜的。

师:真能干。课文里还有这样一句话:“狐狸呀,山羊啊,小鹿哇。”对照图画,我们一起来读一读。

师:在生活中,当我们遇到不认识的生字时,也可以像这样,对照图画,联系上下文来猜字。

在结课环节,为了促使学生更好地识记这一课的生字,也为了对课文内容进行总结,我出示了一首儿歌。

木瓜熟了,咕咚一声,掉进湖;

太可怕啦,吓得大家,拼命逃。

学习语文最重要的是“感觉”,我们要培养学生的“直觉思维”,对于陌生的词语,可以根据课文语境线索猜测词语的含义,并利用字典等工具书来验证猜测。

3. 巧用构字,猜识生字

汉字是表意文字,借助汉字的组构规律,从汉字字形和字义的关系出发,探究语言秘密,是识字教学的重要路径。

在统编版小学语文二年级上册《纸船和风筝》课文中,有一对同音字:漂和飘。我指导学生借助形声字的构字规律进行猜识,并区分这两个字。

师(出示字卡:漂、飘):纸船和风筝把它们的好朋友带到了课堂上,仔细观察这两个生字,你发现了什么?

生：它们都有“票”这个字。

师：观察得很仔细，这两个字和“票”有什么联系呢？

生：它们和“票”的读音很接近，念第一声。

师：不错，你能够根据形声字的半边字音来猜读生字了。

师：再仔细观察这两个字，有什么不同？

生：它们的偏旁不同。“漂”的偏旁是三点水，“飘”的偏旁是风字旁。

师：老师把这两个生字送回了句子里，哪位小老师能告诉大家，为什么“纸船漂哇漂”用的是三点水的“漂”，而“风筝飘哇飘”用的是风字旁的“飘”？

生：纸船漂在水里，和水有关，所以要用三点水的“漂”；风筝飘在空中，需要风，所以用风字旁的“飘”。

生：纸船需要借助水才能漂到小熊家，所以是三点水的“漂”；风筝要靠风才能飞到空中，所以是风字旁的“飘”。

师：形声字的形旁就是它们的偏旁，表示这个字的含义。

师：你们观察得真仔细，不仅能借助形声字的形旁猜测读音，还能借助声旁猜测含义，这个学习生字的方法真不错！

猜识是一种常用的识字方法，一、二年级的学生可以凭借自己已有的知识经验和生活经验进行猜识，不需要每个字都由教师手把手地教。

三、妙说字形，让课堂更丰实

一、二年级学生的直观形象思维占主导，抽象思维较弱，他们对于抽象思维概念的理解总是基于对直观事物的理解。面对抽象的汉字，我们要充分发挥汉字字形的特点，引导学生联想想象，借助字理进行识记。

1. 联想想象，编写故事

借助汉字外形，联系生活经验，联想想象，编写趣味故事是识记生字的好办法。统编版小学语文一年级下册《小猴子下山》课文中的生字“猴”，是学生易读错、写错的字。为了与《大还是小》中已识记过的生字“候”进行区分，我是这样教学的。

师:哪位小老师来说一说,你是怎么认识“猴”这个字的?

生:反犬旁再加一个“时候”的“候”。

师:用上了加一加的办法,不过仔细看看,是“候”吗(板书“候”)?

生:“猴”的右半边不是“候”,少了一竖。

师:火眼金睛!没错,老师在黑板上写的这个字,才是“候”。你瞧,美猴王孙悟空为了下山掰玉米,把这一竖,变成了一根金箍棒,藏到耳朵里去了。现在,你认识这个字了吗?

授人以鱼不如授人以渔,为了将联想识字的方法进一步传授给学生,我引导学生用同样的方法,学习这一课的生字“瓜”。

师:用上联想的方法,你能帮助大家认识“瓜”这个字吗?谁来挑战?

生:西瓜里有许多黑色的西瓜籽,所以“瓜”这个字的下面要加上一点。

生:嗑瓜子的时候嗑出了一颗瓜子仁,就是这个点。

师:哇,你们可真有想象力。老师这里也有一个有趣的小故事:很久很久以前,人们不会写字,只能在乌龟壳上,按照这个东西的样子画画来表示这个字,于是,人们先画了一个圆,再画了瓜藤、瓜蔓,就像字卡上这样(出示字卡:甲骨文“瓜”),瓜蔓下挂着的圆圆的就是瓜,比如……

生:西瓜、南瓜、冬瓜、香瓜,等等。

师:是的,你们都有一颗聪明的小脑袋瓜。

在统编版小学语文二年级下册《找春天》课文中,有一个容易写错的形声字“桃”。为了帮助学生识记,我是这样教学的。

师:桃树是木本植物,所以部首是木。

师:桃花,是先抽出枝条再绽放花朵的,“桃”的右半部分是“兆”。“兆”的左半部分,撇就是长长弯弯的枝条,点和提就是朵朵桃花。谁能举一反三,说说“兆”的右半部分怎么记忆?

生:“兆”的右半部分,竖弯钩是枝条,撇和点是花,先抽出枝条再开花,所以是先写竖弯钩,再写撇和点。

师:以此类推,我们还可以记住“逃”这个形声字。

统编版小学语文教材重视指导学生掌握正确的汉字笔顺，然而，面对难写、易错的生字，光教会学生“从上到下、从左到右”的书写口诀是远远不够的。考虑到一、二年级学生以形象思维为主，在指导学生识记字形和笔顺时，可以“勾勒画面”。

2. 字理识字，德智融合

字理识字是一种依据造字法进行识字的教学方法。汉字是有温度的，我们应抓住识字教育的契机，透过字理识字，增强学生的想象力，引导学生了解汉字的发展变化，培养正确的价值观。

统编版小学语文六年级上册《狼牙山五壮士》课文中的生字“寇”较难识记，容易写错，我指导学生根据字理识记。

师（出示字卡：金文“寇”）：同学们，你们现在看到的是汉字演变到金文时的“寇”。根据字形说一说，你看到了什么？

生：这个字看起来像是有一个人来到了一幢房子里，殴打里面的人。

生：金文的“寇”最后几画就像是一个拿着棍棒的人。

师：是啊，“寇”是会意字，会意为有人在室内被入侵者暴打，也就是我们所说的暴乱、劫掠。

师：所以文中“日寇”的意思是？

生：日寇就是跑到中国土地上残害中国百姓、掠夺人民财富的日本侵略者。

师：从“寇”字中，你读出了什么？

生：我读出了作者对日本侵略者的憎恨。

生：我读出了日本侵略者的残暴，他们劫掠财富，杀害人民，非常可恨。

师：是啊，这样暴力的入侵者，怎能不叫人憎恨，怎能不叫人愤怒呢？面对“日寇”，中国人民当然要团结起来，一致抗日！

师：面对“日寇”，狼牙山五壮士又是怎么做的？

“寇”这个汉字带有感情色彩，是会说话的。识记生字不能仅仅停留在识记字形本身，还应该以该字为情感基点，教会学生爱憎分明，培养学生的家国情怀，让生字的学习有趣有效。

第二节　序:遵循学生的年段特征

识字教学的“序”是指识字教学目标的层次性、递进性。细读《新课标》中每一学段识字教学的目标,发现其各有侧重。我们要遵循学生的学段特征,根据每一学段的识字教学目标,由浅入深、由易到难、由具体到抽象地进行教学。

一、第一学段(一、二年级):认识字词,理解意思

识字教学是第一学段语文教学的重点,第一学段的阅读课本质上就是随文识字和集中识字相结合的课程。结合第一学段“喜欢学习汉字,有主动识字、写字的愿望”和“结合上下文和生活实际了解课文中词句的意思”的识字教学目标,我们可以引导学生联系课文,借助字典等工具书识记字词。

1. 联系课文,掌握词义

“字词不离句段”是学习字词的基本方法。每个生字、词语都和它前后的词句段有一定的联系。当学生遇到难以理解的词语时,我们要注重指导学生结合上下文和生活实际理解字词含义。

在统编版小学语文一年级下册《喜鹊和树》课文中,编者设置了泡泡图:读了第一段,我知道了“孤单”的意思。我是这样指导学生结合上下文理解这个词语的。

师:故事就这样开始了。从前,这里只有什么(一棵树)?

师:树上只有什么(一个鸟窝)?

师:鸟窝里只有什么(一只喜鹊)?

师:除了这棵树,还有其他树吗(没有)?

师:除了这个鸟窝,还有其他鸟窝吗(没有)?

师:除了这只喜鹊,还有其他喜鹊吗(没有)?

师:是啊,“只有”,就是唯一一个,没有其他。

师：只有一棵树，没有其他树陪伴他，我们应该说什么呢(树很孤单)?。

师：只有一只喜鹊，没有其他喜鹊陪伴他，我们应该说什么呢(喜鹊很孤单)?

师：现在，如果你看到这棵小树这么孤单，你想对它说什么？

生：小树小树，你不要难过，我来陪伴你吧。

师：喜鹊没有兄弟姐妹，也没有一个朋友，你想说什么？

生：喜鹊喜鹊，你一定很孤单吧。

师：是啊，他们都很孤单。这个“孤”字，古时候指的就是没有父母的孩子，怪不得“孤”是子字旁。

师：孩子没有父母会怎么样(孤单)?

师：树和喜鹊没有朋友也会怎么样(孤单)?

师：你能读出他们的孤单吗？

“孤单”是一种感受，对于一年级的学生来说，他有这样的生活体验，但又无法完全表达清楚。结合上文“只有一棵树，只有一个鸟窝，只有一只喜鹊”中的“只有”来帮助学生理解“孤单”，再采用情境说话，让学生走进树和喜鹊的内心，学生很快就体会了这种感觉，自然对“孤单”有了进一步的理解。

在统编版小学语文二年级下册《小毛虫》课文的中心句“万事万物都有自己的规律”中，中心词“规律”较为抽象，学生难以理解。因此，我是这样指导学生理解“规律”的。

师(出示第一组词语：打量、事情、明白)：同学们，你们认识它们吗？这三个词在读音上有什么共同之处？

生：这三个词都是轻声词。

师：不错，一下子就发现了规律，你能通过朗读读出这种规律吗？

师：读轻声词，要把后面的字念得短促一些、轻一些。

师(出示第二组词语：仿佛、任何、纺织、编织)：这一组词在字形上有什么规律？

生:这一组词都是左右结构。

生:词语是由同偏旁的字构成的,前两个都是人字旁,后两个都是绞丝旁。

师:现在,我们把“规律”这个词送回句子里,读一读。

生:万事万物都有自己的规律。

师:太阳每天从东边升起,从西边落下,这是规律;秋天到了,树叶一片一片从枝头落下,这是规律。生活中,你还知道哪些规律?

师:文中小毛虫的生长又有什么规律呢?

师:是啊,小毛虫慢慢编织茧,再破茧而出,变成了一只美丽的蝴蝶。这也是一种规律。现在,你能不能用自己的语言说一说,规律是什么意思?

教学时,我先出示了同类型的词语,让学生概括词语的规律,使他们对规律有了切身的感受,继而借助生活中的规律,引导学生思考小毛虫变蝴蝶的规律,自然而然回归文本,也使得学生对“规律”一词有了更深刻的理解。

2. 借助字典,习得方法

识字是语文学习的基础,第一学段是学生识字量猛增的黄金时期,不可避免地会遇到难以理解的生字、词语,需要借助字典这一桥梁来理解字词、开展阅读。

在学习统编版小学语文二年级上册《狐假虎威》课文时,我是这样教学生字“窜”“扑”的。

一只狐狸从老虎身边窜过。老虎扑过去,把狐狸逮住了。

师:“窜”是什么意思?我们请教一下字典老师。

师:根据字典中的解释,结合上下文,这里“窜”的意思是什么?

生:逃跑。

师:说明狐狸在跑的时候怎么样?

生:慌乱,快速。

师:从“窜”这个字中,你读出了什么?

生:狐狸很怕老虎,所以见到老虎很紧张,马上就逃跑了。

师：那狐狸有没有跑掉？从哪里看出来的？

生：老虎扑过去，把狐狸逮住了。

师：从“扑”这个动作里，你又读出了什么？

生：老虎非常凶猛，而且很厉害，一下子就抓住了狐狸。

师：是呀，狐狸根本就不是老虎的对手。此时的狐狸会是什么样的心情呀？

生：狐狸很害怕，担心自己被老虎吃掉。

师：小狐狸，请你来读一读，把这样紧张的情绪带到我们的课堂上来。

在教学统编版小学语文二年级上册《我是什么》课文时，我是这样指导学生理解“暴躁”的含义的。

有时候我很温和，有时候我很暴躁。

师：同学们，你们生气发脾气的时候可能会做些什么？

生：可能会跺脚。

师：难怪“暴躁”的“躁”是足字旁。哪位小演员来演一演暴躁的样子？

师（出示“暴躁”一词的配图）：看，像图画上这样，破口大骂、怒气冲冲、捶胸顿足就是暴躁的样子。

师：文中的“我”暴躁时做了些什么呢？

生：暴躁时，“我”会淹没庄稼，冲毁房屋。

师：想一想，暴躁的“我”可能还会做哪些坏事？

师：“我”做了这么多坏事，脾气可真暴躁。现在，能不能用自己的话说一说，暴躁是什么意思？

生：就是性格很急，很爱发脾气，做一些坏事。

师：让我们请教一下字典老师，看看我们对“暴躁”的理解对不对。

授人以鱼不如授人以渔，针对部分有难度的生字词，我们可以借助字典识指导学生识记。当学生对字词有了自己的理解时，也可以借助字典验证自己的猜想，从而循序渐进地培养学生独立识字的习惯和能力。

二、第二学段(三、四年级):表情达意,体会作用

第二学段注重“养成主动识字的习惯”和“体会课文中关键词句在表情达意方面的作用”。因此,第二学段的识字教学不能仅仅停留在理解字词意思的层面,还应该将字词置于文本中,了解字词在特定语境中的含义,体会词语表情达意的作用。

1. 结合语境,理解内涵

同样是“结合上下文理解词语”,一、二年级的学生刚刚接触时,更多的是在教师的指导下结合上下文说说字词在句中的意思。到了三年级,教师要指导学生结合上下文自主找出能说明这个词语意思的句子,然后再理解这个词语在句中的意思。到了四年级,学生不仅要掌握在具体语境中理解字词的几种方法,还要学会根据词语选择合适的方法结合上下文理解词语的意思。

在统编版小学语文三年级上册《秋天的雨》课文中,编者设置了泡泡图:读到这里,我明白了“五彩缤纷”的意思。这既提示了学生要根据语境来理解词语的含义,也为我们的教学点明了方向。因此,我引导学生结合上下文,在具体语境中理解词语的含义。

师:秋雨是一位神奇的画家,它给大地带来了哪些颜色呢?读一读第二自然段,动笔圈一圈。

师:秋雨还带来了其他颜色吗?你是怎么知道的呢?

生:秋姑娘还带来了很多颜色,因为这里还有一个省略号。

师:省略了谁的颜色?菊花的颜色。菊花还可能会有什么颜色?

生:粉色、墨色、绿色、紫色,等等。

师:你从一个标点符号里读出了这么多理解!这么多颜色混杂在一起,十分艳丽,用文中的一个词来概括,就是什么?

生:五彩缤纷。

师:结合这些颜色来说一说,“五彩缤纷”是什么意思?

生：五彩缤纷就是颜色很多。

师：一边朗读，一边想象这个五彩缤纷的画面。

师：你看到了怎样的画面？

师：所以五彩缤纷除了表示颜色多，还整体描绘了秋天的美丽。

师：课文里哪些动词让你感受到了“五彩缤纷”的动态美呢？

在教学统编版小学语文四年级上册《麻雀》课文时，我引导学生通过理解“挓挲”的含义，来感受词语背后母爱的伟大。

师：老麻雀飞下来以后，又做了什么？

生：它挓挲起全身的羽毛，绝望地尖叫着。

师（出示图画）：看着图画来说一说，挓挲是什么意思？

生：就是张开的意思。

师：老麻雀张开翅膀，准备和猎狗搏斗。

师：为什么作者两次都写到了麻雀的叫声？因为这是它当时最大的武器。如果你能听懂老麻雀的叫声，此时老麻雀可能会说些什么？

师：老麻雀怕吗？很紧张，很害怕。对于它来说，自己过于弱小，而猎狗是庞然大物。力量对比悬殊，为什么老麻雀绝望恐惧却要去救自己的孩子？

生：它很爱自己的孩子，就算可能会被猎狗伤害，也要冲下去保护孩子。

师：正是因为老麻雀勇敢伟大，所以即便面对危险，它也不退缩——它挓挲起全身的羽毛，绝望地尖叫着。

字词教学的“序”体现在指导学生理解字词方法的系列性和滚动递进性，我们要根据学生的学段特点，循序渐进地指导他们掌握识记字词的方法。

2. 透过字词，体会作用

词语的意思不是靠教师一味灌输，而是要靠学生自己的领悟。我们要培养学生运用多种方式理解词语的意思，体会词语在文中表情达意的能力，提高学生自主识字的能力和学习的积极性。

统编版小学语文三年级上册课文《美丽的小兴安岭》描绘了小兴安岭一

年四季的美景，在第二自然段中作者巧妙地运用了“抽”这个字来展现春天小兴安岭树木生长迅速、生机盎然的模样。对于三、四年级的学生来说，他们不仅需要理解“抽”的意思，还要通过这个字理解小兴安岭春天树木的状态。因此，我是这样教学“抽”字的。

师：同学们，生活中什么时候会用到“抽出”这个词？

生：抽出宝剑。

生：抽出纸巾。

师：谁来做一做“抽出”这个动作？

师：你发现他抽出纸巾时的动作是怎样的？

生：动作很连贯。

生：非常快速。

师：那么作者把这样一个快速的、连贯的“抽出”动作放在树木身上，你读出了什么？

生：树木生长得很快。

师（播放树木快速生长的视频）：是啊，新芽长得很快，非常有力，难怪作者这样写。

生：春天，树木抽出新的枝条，长出嫩绿的叶子。

在《美丽的小兴安岭》课文中，有这样一句：早晨，雾从山谷里升起来，整个森林浸在乳白色的浓雾里。如何引导学生理解抽象的“浸”字，感受小兴安岭被浓雾笼罩的样子呢？

师：查阅了字典，你知道“浸”有哪几种意思吗？

生：1. 泡在液体里；2. 液体渗入或者渗出；3. 逐渐。

师：猜一猜，在课文中，这个“浸”是什么意思？

生：泡在液体里。

师：把这个字放进句子里读一读，你仿佛看到了怎样的景象？

生：我仿佛看到了大雾弥漫的小兴安岭。

师：想象一下，假如此时我们就被这乳白色的浓雾包围着，向四周看看，你觉得能看到什么？

师：是呀，其他景物都看不见，整个森林都浸在乳白色的浓雾里。从这个“浸”字里，你读出了什么？

生：雾又多又浓，整片森林都被雾包围了，朦朦胧胧，犹如仙境一般。

相比于一、二年级的学生，三、四年级的学生已经识记了不少生字、词语，具备一定的独立识字的能力，不少课文里的生字对他们来说并不是生字了。因此，第二学段的识字教学要紧扣学情，重点教学生不会的字词。

三、第三学段（五、六年级）：辨析色彩，体会表达

第三学段要求“有较强的独立识字能力”和“辨别词语感情色彩，推想课文中有关词句的内涵，体会其表达效果”。第三学段的教材中有不少含义深刻的语句，我们要重视阅读教学和识字教学相结合，引导学生挖掘字词内在的感情色彩。

1. 层层剖析

第三学段的识字教学要求指导学生从掌握“词义”到“词的表达作用”再到“词性和内涵”，序列性非常明确。识字教学与阅读教学不应割裂开来，我们要引导学生透过字词深入理解课文，习得语言表达。

在统编版小学语文六年级上册《穷人》课文中，有这样一句：我们总能熬过去的！其中的生字“熬”含义深刻，值得深入学习。因此，我是这样教学的。

师：“熬”的部首是“四点底”。“四点底”的字通常和什么有关？和火有关。所以“熬”就是一样东西被火猛烈地烧着、烤着。课文里什么东西好像被火烧着？

生：课文里指的是渔夫的生活像被架在火上烤一样，非常煎熬。

师：为什么渔夫的生活好像被火烤一般？

生：渔夫一家非常贫困，他每天起早贪黑辛苦工作，冒着严寒和风浪出去打鱼，而桑娜也是从早到晚地干活，还只能勉强填饱肚子。

生:渔夫他们本来就生活得很艰难了,现在又要照顾邻居家的两个孩子,雪上加霜,家里肯定更加揭不开锅了,渔夫和桑娜必须更辛苦地工作赚钱。

师:是啊,这样贫困的生活,放在其他人身上,或许早就愁眉苦脸了,可是渔夫他们却说——我们总能熬过去的!你读出了什么?

生:尽管生活很贫困,但是他们还是很乐观自信,相信可以渡过难关。

师:是啊,本来就很艰难了,何必要领养邻居的孩子,那不是自找苦吃吗?

生:因为要是不领养那两个孩子,可能那两个孩子就会冻死、饿死。

师:从这里你又读出了什么?

生:渔夫一家非常善良,不忍心丢下邻居的孩子不照顾。

师:尽管渔夫一家物质上贫困,但是他们精神上富足。没有人要求他们这样做,但是他们俩都心甘情愿为了他人"熬",也乐观地认为,总能"熬"过去。这一份善良,就是人性中最美的那束光。

词语是有温度的,在不同的语境下,词语呈现出的感情色彩也不同。针对这些指向文章主旨、情感内涵等内容的重要字词,我们要挖掘其内在的语用要素,促使学生理解文章,积累、运用字词,透过文字渗透文化,形成正确的价值观。

2. 归类对比

识字教学容易陷入碎片化的窘境。在指导五、六年级学生识记生字时,可以抓住课文中的重点字词,统整课文的学习,达到"提领而顿,百毛皆顺"的效果,避免学习知识过于琐碎。在聚焦关键字词进行指导时,可以将字词根据文本的实际语境归类整理,体会词语背后感情色彩的差异,这将起到"四两拨千斤"的效果。

在教学统编版小学语文六年级上册《狼牙山五壮士》课文的字词时,我是这样引导学生归类对比学习的。

师:请同学们从文中圈出描写狼牙山五壮士和日寇的词语,动笔在旁边做批注。

生：描写狼牙山五壮士的词语有全神贯注、斩钉截铁、热血沸腾、居高临下、昂首挺胸、惊天动地、气壮山河。

生：描写日寇的词语有大举进犯、坠落山涧、粉身碎骨、横七竖八、叽里呱啦、纷纷滚落。

师：对比读描写狼牙山五壮士和日寇的这两组词语，你发现它们有什么不同了吗？

生：第一组词都是用来形容狼牙山五壮士的英勇无畏的，第二组词都是用来形容日寇的可恶罪行的。

生：第一组词都是褒义词，第二组词都是贬义词。

师：是的，从这些形容词上，我们也能看出作者的爱与憎，感受到狼牙山五壮士大无畏的精神和日寇的狼狈。

师：词语也是有温度的，让我们通过朗读，读出对狼牙山五壮士的敬佩、赞颂和对日寇的唾弃、憎恶。

识字教学就应根据教学目标的不同、教材内容的不同、学生年龄的不同由浅入深地推进，而在推进的过程中每一种方法又都是承接学生原有基础和已经学过的方法，使得学生的理解方法逐步增多，似滚雪球般地越学越深入、越学越灵活。词语“宝库”充实了，我们的语文教学才能更加扎实、丰满。

第三节　真：尊重学生的原初体验

“原”，即原本、原真；“初”，即初始、起初，原初体验就是教学前学生原有的初始认知经验。我们在指导学生联系生活实际学习字词时，要尊重学生的原初体验，用巧妙的方式进行引导，这也是字词教学中“生本位”的具体体现。

一、聚焦亲身体验

为了促使学生“对学习汉字有浓厚的兴趣，养成主动识字的习惯”，我借助学生喜爱新鲜事物的特点，开展丰富有趣的活动，指导学生在体验中识字。

1. 动作演绎

中华文化源远流长，许多汉字都是由形象的图画演变而来，具有较强的画面感。针对这类汉字，可以引导学生通过肢体语言演绎汉字，加深对汉字的认识。

统编版小学语文一年级上册课文《天地人》是学生汉字启蒙的第一课，如何引导学生认识生字，体会中华汉字的独特魅力，从而潜移默化地爱上汉字呢？基于实际学情，我是这样引导学生识记“天”“地”“人”“大”的。

师（出示字卡：人）：同学们，你们认识这个字吗？这个字念——人。

师：很多同学已经认识了这个字，但是你们有没有想过，为什么一撇一捺就是“人”字呢？

生：我们每个人都有两只脚，这样才站得稳。

师（出示字卡：甲骨文“人”和鞠躬、劳作的图画）：最早的“人”字可不长现在这样，仔细观察甲骨文“人”和这两张图画，你有什么发现？

生：鞠躬的人，手臂像“人”字的撇。

生：正在劳动的爷爷手里拿着一把锄头，也很像撇。

师：古时候，人们见面就像图画展示的这样，双手作揖，鞠躬问好，这是有礼貌的表现。古人也认为，愿意用双手劳动来创造财富才能活得堂堂正正。现在，你们明白“人”是怎么被造出来的了吧！我们一起用动作来表演这个字。

师：瞧，如果我们伸直手臂，就变成了什么字（大）？

师（出示字卡：甲骨文“天”）：如果，我们在这个“大”字上，加上一个小小的脑袋，又会变成什么字呢？

学生们众说纷纭，于是，我让学生们站直，抬起头模仿这个字。

师：抬头能看到的是天。古人对未知的一切都很好奇，他们也想知道头顶的天空是什么样的。慢慢地，最上面的脑袋变成了一横，也就是“天”字。

师：抬头看着天，脚下踩着的土我们称为地。

师：现在，老师想把这三个字摆在黑板上，应该怎么放？

生："天"在最上面，"人"在中间，"地"在最下面。

为了进一步引导学生用身体感知、联想生字，体会汉字的独特魅力，我将生字编成了一首朗朗上口的儿歌，指导学生边做动作边诵读。

一撇一捺，站得挺拔，踏实礼貌就是人；

双手伸直，双腿打开，顶天立地就是大；

大上加横，抬头一看，头顶上方是蓝天；

头顶蓝天，脚踏大地，堂堂正正中国人。

学生的思维还不成熟，理解抽象事物的能力有限，创设有趣的识字活动，引导他们用生动的肢体语言或者语言形态来表演汉字，可以充分激发学生的识字热情，促使他们通过自己的体验发现汉字字形和字义之间的联系，感知识字方法。

2. 情境识字

《新课标》高度重视情境教学，我们要帮助学生创设真实的识字情境，以学习任务为驱动，以学习活动为抓手，丰富学生的字词学习实践经验。

在教学统编版小学语文四年级上册《爬天都峰》课文时，我创设了"云旅游"的情境，指导学生透过"笔陡""挂"等字词，体会天都峰的陡峭和作者由衷的赞叹。

师：小游客们，听了"导游"的介绍，现在你们眼中的天都峰是什么样的？请在"游览单"上画一幅天都峰简笔画。

师(出示天都峰图画)：瞧，这就是天都峰，和你想象的一样吗？

师：看了天都峰的图画，你有什么样的感受？结合课文里的语句说一说。

生：天都峰非常陡峭，让"我"也不由发出赞叹——啊，峰顶这么高，在云彩上面哩！

师：高耸入云的天都峰，该有多高呀！此时此刻，站在山脚下的游客们，心情是怎样的呢？

师："笔陡"的石级是什么样的？

生：就是坡度很大，很陡峭的石头台阶。

师：你理解得很到位。石级边上的铁链，似乎是从天上挂下来的。"挂"这个字很有意思，平常我们会说什么挂下来？

生：头发挂下来。

生：柳枝挂下来。

师：是啊，从上到下，竖直的东西，我们可以用"挂"来形容。而这里，作者用"挂"来形容石级边上的铁链，你读出了什么？

生：石级也好像是竖直的一样，非常陡峭。

师：是啊，天都峰好像连接了天和地，这一条石级就像是一条通往天上的路，走上去让人心里发颤。请你们把这陡峭的石级送回课文里读一读。

创设情境下的语文实践活动，可以为识字教学注入生机和活力，既能丰富学生的语言经验，又能够提高学生的表现力和创造力，提升语文素养。

二、依托原有体验

依托学生的原有体验，聚焦文本语境，将识字教学放在具体的语言背景下进行，利用角色体验攻克字词难点，可以达到事半功倍的效果。

1. 聚焦语境

统编版小学语文二年级下册《小毛虫》课文这样写道："小毛虫费了九牛二虎之力，才挪动了一点点。当它笨拙地从一片叶子爬到另一片叶子上时，它觉得自己仿佛周游了整个世界。"在这句话中，"九牛二虎之力"这个词和"挪动一点点"之间形成了极大的反差。但对于二年级的学生来说，他们的原有体验还无法通过两者之间的张力感受小毛虫的"笨拙"。因此，我作了如下处理。

师（出示卡片：九牛二虎之力）：九头牛再加两只老虎，你猜猜，力气有多大？

生：很大很大。

师：那这么大的力气一起用出来，可以做成哪些事情？

生：可以推动火车。

生：可以挖掉一座山。

生：可以拔河，可以踢球。

师：那小毛虫用了九牛二虎之力做了什么？

生：挪动了一点点。

师：一点点是多远？

生：从一片叶子到另一片叶子上。

师：我们在座位上挪一下看看，需要多少力气。

生：不费力气就能做到。

师：是啊，"九牛二虎之力"才"挪动一点点"，老师把它们放在一起，让你感受到了什么？

生：小毛虫挪得很艰难。

师：那你能读出它的艰难吗？

生：小毛虫的身体一点也不灵活，很笨拙。

让学生想象九头牛和两只老虎的力气加在一起能做成什么事后，我引导学生体验自己使出"九牛二虎之力"能做成什么，再与"挪动一点点"对比，形成极大的反差，从而在具体的语言环境中让学生明白小毛虫的"笨拙"。

在统编版小学语文二年级下册《青蛙卖泥塘》课文中，"买"和"卖"容易弄错。我引导学生借助课文语境辨别这一对反义词，并运用于新的语境中。

师：这句话中藏着一对双胞胎生字，你找到了吗？

生：买和卖。

师：观察一下它们的字形，你有什么好办法可以区分这两个字？

生："买"加上"十"就是"卖"。

师：我们可以编写儿歌来区分。有十就是卖，没十就是买。

师：读一读课文，文中是谁要卖泥塘？谁要买？

生:青蛙要卖泥塘,老牛要买泥塘。

师:老牛最后买了吗?

生:没有,因为周围没有草。

师:接下来,我们挑战一道题,看看大家有没有掌握这两个字的含义。

依托学生的原有体验,让学生代入文中的角色,想象情节,可以帮助学生在具体的语言环境中明白词语含义,加强对文本的理解。

2. 模拟想象

字词的模拟演示,就是再现文本情境,让学生置身于语言环境,更生动有趣地理解字词,感知文本内涵。

在统编版小学语文二年级上册《狐狸分奶酪》课文中,有"拌嘴"一词,意为争吵。根据学生已有的知识经验,"拌"的意思为"搅拌"。但如何基于学生已有的知识经验,让学生理解"拌嘴"的意思呢?我引导学生想象场景,模拟演示,角色扮演,理解、识记词语。

师:瞧,捡到奶酪明明应该是一件开心的事情,可是小熊哥俩却因为奶酪的分配问题而拌起了嘴。

师:"拌"在这里还是"搅拌"的意思吗?

生:不是,这里说的是小熊哥俩吵架了。

师:是的,拌嘴就是争吵、吵架。小熊哥俩捡到奶酪以后,可能会吵些什么?让我们化身小记者,去现场一探究竟。请两位同学来扮演小熊哥哥和弟弟。

师:看,同学们,像他俩这样,你一言我一语,互不相让地争吵,就叫作拌嘴。

在统编版小学语文三年级下册《陶罐和铁罐》课文中,词语"奚落"对于三、四年级的学生来说有些抽象。我们在教学时,可以指导学生模拟铁罐和陶罐对话的场景,帮助学生理解词义。

师:课文中,铁罐是怎样奚落陶罐的?

师:这是一个什么样的铁罐(骄傲的、傲慢的)?带着傲慢的语气,谁来演一演铁罐，奚落一下陶罐（出示对话）？

师：现在谁能说一说“奚落”是什么意思？

生：就是很骄傲地说一些看不起别人的话。

生：我觉得是嘲笑别人的意思。

师：小老师们已经给我们解释清楚了“奚落”的意思，接下来请一、二大组扮演铁罐，三、四大组扮演陶罐。铁罐们，带着傲慢的语气再次奚落一下陶罐。

学习是一种实践活动，学生只有亲身参与字词实践，才能更深刻地识记生字词。将理论思考付诸实践，探寻有效的具有可操作性的识字教学模式，转变教师的教学方式，改变学生的学习方法，使识字教学富有灵性。

第四节　活：拓宽学生的思维空间

在指导学生识记生字时，不能一味追求识字的数量，而要从思维启发入手，借助丰富多彩的识字活动激发学生的识字热情。慢下来，等一等学生，给足他们思考的时间，促使其提升思维能力，拓宽思维空间，让识字“活”起来。

一、归类识记，构建系统思维

为了避免识字教学零敲碎打，我们可以将体现汉字规律和特点的字词放在一起，形成识字地图，指导学生集中、归类识字，构建识字系统思维，灵活运用系统思维重组已学字词，认识新的生字。

1. 整合字义，化散为整

在识字教学的过程中，要利用汉字在不同语境下具有不同含义的特点，为学生搭建思维平台，引导学生按照字义进行归类，整合分散的识字信息，归纳识字规律，建构识字系统思维。具体的思维导图如下所示。

为了拓宽学生的识字思维空间，构建汉字知识体系，帮助他们集中、系

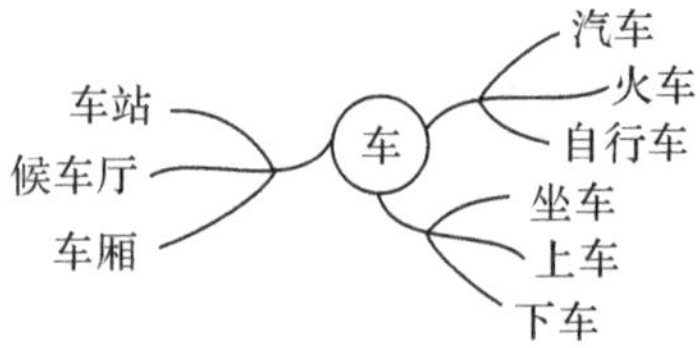

统地识字，课堂上我们充分发挥思维导图的作用，并在教学时作了如下处理。

师：睁大眼睛仔细看看，从这张思维导图上你发现了什么？

生：中间是“车”字，旁边是“车”字组成的词语。

师：导图上有三个分支。这三个分支上的词语有什么区别？

生：“车”左边的词语是与车有关的地点，“车”右下分支的词语是与车有关的动作。

生：“车”右上分支的词语是车的类型。

师：你们还能给“车”找到其他的词语朋友吗？请你们把找到的词语朋友分别填入上面这三个分支上。

通过教学以“车”为核心的“一字开花”思维导图，帮助学生按照字义，将零散的与“车”有关的词语归类，进一步明确“车”的含义和用法。这样一来，学生不仅学会了“车”字，还积累了三类与“车”有关的词语。

2. 形旁识字，举一反三

统编版小学语文教材中出现了不少形声字。形旁表义，声旁表音，我们可以借助形旁和声旁，指导学生有意识地进行观察，概括通用规律，这样就能在遇到相同形旁的形声字时举一反三，合理猜测字义。如在教学统编版小学语文二年级上册《树之歌》课文时，教师可以这样指导学生认识木字旁的生字。

师（出示“木字旁”的生字）：同学们，仔细观察这几个生字朋友，找一找字形上它们有什么共同之处。

生：它们的偏旁都是木字旁。

师：为什么这几个生字都是木字旁？想想看，木字旁和什么有关？

生：因为这几个字都是树的名字，木字旁就和树木有关。

师：是啊，这些生字有相同的部首木字旁，都和树木有关，是形声字。形旁表义，声旁表音。在这几个生字中，木字旁都在左边。所以右边的部分就是它的读音。

师（出示杏树、李子树、梨树、枣树图画）：还有几棵树也迫不及待地想和大家见面了，它们是杏、李、梨、枣。找一找，在这几个字里，“木”的位置在哪里。

生：在“杏”“李”中，“木”在上面；在“梨”中，“木”在下面，在“枣”中，“木”在中间。

师：“木”作为部首的时候，在左边就叫木字旁，在上面就叫木字头，在下面就叫木字底。当然，“木”也可以放在中间。

师：当然啦，不仅仅树名里藏着“木”，树的不同部位也带有“木”哦！谁来找一找（出示树的图画）？

生：树枝、树根。

师：用木头做的东西当然也带有“木”，谁来说一说？

生：桌子、椅子、梯子、独木桥。

师：作为部首，“木”可以在字的上面、下面、左边、中间等，以后同学们看到部首是“木”的汉字时，就要想到它的含义。

生：和树木有关。

在教学过程中，以“木”为原点，引导学生说出“木”在不同位置的形声字，拓宽学生的思维，让学生进一步感知木字旁的含义，并知晓形声字的形旁并不一定都在左边。

3. 同音识字，有效辨析

集中、归类识字，既符合汉字的造字规律，也符合学生识字的规律。学习同音字时，我们可以指导学生比较不同形旁的含义来识记字，总结同音字辨析的规律，继而建立起汉字形旁和含义之间的联系。

针对统编版小学语文一年级下册《小青蛙》课文中的一组同音生字,我们进行了如下教学。

师:小青蛙可热情了,它邀请家族成员一起来课堂上做客。请你在课文里圈一圈跟“青”长得很像的生字。

师(出示生字):这几个生字有什么共同的地方和不同的地方?

师:“青”就是声旁,而另外的部分就是它们的形旁,像这样的字我们叫形声字。一起来叫一叫它们的名字吧!

师(出示图画):看,溪水看上去怎么样(清澈)?

师:水里的沙石我们都能看得怎么样(清清楚楚)?

师(出示图画):这是一双什么(眼睛)?

师:孙悟空有一双什么样的眼睛(火眼金睛)?

师:同学们看得真认真,老师也送你们一个词——目不转睛。

师(出示图画):瞧,蓝天上飘着白云,这样的天气就叫什么(晴天)?

师:像这样非常晴朗的天空,我们可以称为什么(晴空)?

师:天气晴朗,“情”也被吸引来了。亲人之间的感情什么(亲情)?

师:同学们之间的感情叫什么(友情)?

……

师:“青”字家族很热情,它们还带来了一首儿歌,一起读一读:有日就是晴,日出天气晴;有水就是清,河水清又清;有目就是睛,眼睛很明亮;有心就是情,用心办事情;有言就是请,来客要说请。

师:以后咱们碰到形声字,就可以像认识“青”字家族一样,先根据声旁猜测读音,再根据形旁猜测含义。接下来,我们把“青”字家族的好朋友送回课文里读一读吧!

带领学生从课文中找出带“青”字的生字后,我让学生概括这些生字的不同点和共同点。学生不难发现,这些生字读音接近,只是音调、偏旁不同。在扎实学习了课文里出现的“青”字家族生字后,我引导学生归纳形声字的规律。尽管学生归纳得到的结论比较简单幼稚,但是在归类识字的过程中,学生的分析、归纳、推理等思维都得到了发展。

二、以点带面，培养发散思维

识字教学不能就字学字，而应指导学生总结识字规律和方法，将识字与阅读和生活相结合，以点带面、关联词句，提升学生的识字能力，培养他们的发散思维。

1. 以字带词

以字带词，唤醒学生的识字经验是认识生字的好方法，可以促使学生从识记一个字延展到识记一串字、一组词，开拓识字思路，丰富词语宝库。

在教学统编版小学语文一年级上册《对韵歌》课文中的“云对风，雨对雪”时，我就采用了这样的识字方法帮助学生认识“云”这个生字以及“云”组成的词语。

师：你们看，她穿上了白衣服，我们叫它什么（白云）？

师：如果它穿上黑衣服呢？我们叫它什么（黑云）？

师：“黑云翻墨未遮山”，可以这么叫。还能叫它什么（乌云）？

师：对了，我们看到乌云，就知道马上要下雨了。

师：如果它穿上了彩色的衣服呢，你们想叫它什么（彩云）？

生：也可以叫朝霞。

师：可以的，早上的彩云叫朝霞，晚上的彩云叫什么（晚霞）？

师：看来云真是个百变魔术师。

在学生认识了“云”这个字后，我创设情境：如果云穿上白色的衣服，那是什么云（白云）；如果云穿上黑色的衣服，那是什么云（黑云、乌云）；如果云穿上彩色的衣服，那是什么云（彩云）。当学生自发地说出彩云也可以叫作“朝霞”时，我立即做了动态生成，引导学生明白早上的彩云叫朝霞，晚上的彩云叫晚霞。由此，学生由识得一个“云”字，进而识得白云、黑云、乌云、彩云、朝霞、晚霞这一连串生字新词。

运用“以字带词”的方法，我是这样教学统编版小学语文二年级下册《雷雨》课文中的生字“垂”的。

一只蜘蛛从网上垂下来,逃走了。

师(出示字卡:垂):你有什么好办法来识记这个生字朋友?

生:我认识“睡”这个字,去掉目字旁就是“垂”。

生:可以用加一加的方法,“垂”这个字等于“千”加草字头再加两横。

在指导学生书写生字后,我引导学生通过关联词句识记“垂”字。

师:我们把两只手垂下来,就叫什么(垂手)?

师:把头垂下来,称为什么(垂头)?

师:难过、灰心的时候垂下头,用成语形容,就是什么(垂头丧气)?

师:遇到困难,可不能垂头丧气,要积极想办法克服困难。

师:在生活中,你还看到过什么东西垂下来?

生:西湖边的柳树发芽了,柳枝垂下来。

师:提起“垂柳”,我们会想到一句什么诗(万条垂下绿丝绦)?

生:秋天稻谷成熟了,也会垂下头。

教学时,通过启发式提问,唤醒学生的已知经验。从认识单个生字到积累两字、四字词语,再到回忆含有生字的古诗,学生不仅积累了言语经验,还进一步掌握了认识生字的办法。

2. 拓展引申

每个汉字都有自己的本义,有些汉字随着社会的发展,在不同的词语语境中有了特殊的含义。在学习这些汉字时,我们应抓住这一学习契机,促使学生深入探究生字,发展思维。

在统编版小学语文一年级下册《动物儿歌》课文中出现了“蜻蜓”“蝴蝶”“蚯蚓”等带虫字旁的动物名称,需要学生识记,学生自然而然会将虫字旁和昆虫画等号。但是学生熟悉的“蛙”“虹”等字并不代表昆虫,因此我作了如下处理。

师:同学们,睁大眼睛仔细观察这些小动物的名称,你发现了什么?

生:都是带虫字旁的。

师：伸出小手捂住这些生字左边的虫字旁，再看看，你又发现了什么？

生：右边的字和这个字的读音一样。

师：左边的虫字旁表示它的含义，右边的部分提示了这个字的读音，这就是形声字。我们的祖先就是这样造出了很多动物的名字。

师：虫字旁的字一般和什么有关呢？

生：和昆虫有关。

师：你知不知道其他和昆虫没有关系，但是也是虫字旁的字呢？

生：我们学过的“蛙”不是昆虫。

生：“蛇”是虫字旁的，但是蛇也不是昆虫。

师：蛙、蛇、虹、蝙、蝠等，有那么多跟昆虫无关的字，为什么都是虫字旁呢？

师：虫这个字，在古代泛指所有动物，所以虫字旁准确的含义是和动物有关。而虹之所以也是虫字旁，是因为古人觉得彩虹是一种非常神奇的现象，他们把彩虹也当作一种奇特的活物。

师：其实“虫”还有很多引申的意思，还可以比喻一类人，比如沉迷于看书的人，可以叫书虫；很爱上网的人，可以叫网虫。

通过梳理虫字旁的字，解读虫字旁的特殊字，拓展“虫”字的比喻用法，可以促使学生对“虫”进行探究，进一步发散思维，积累、运用语言。

三、有根有据，发展逻辑思维

统编版小学语文教材重视发展学生的逻辑思维能力，即通过对事物进行观察、比较、综合、分析等思维活动，有条理地表达自己思维过程的能力。识字教学也要重视发展学生的逻辑思维能力，让学生进行有根据的猜想、对比和归纳，并验证学习成果，加深学生对汉字字形字义的理解，培养学生的识字能力。

1. 在猜想中识字

统编版小学语文教材重视“猜想”这一学习形式，提倡引导学生在趣味活动中寻找蛛丝马迹,分析语言材料、总结语言成果,识记生字、词语。

在统编版小学语文一年级上册《日月水火》课文中,有一道“猜一猜,连一连”的课后习题,旨在引导学生进行积极的逻辑思维活动,找到图画、甲骨文和汉字在字形上的共同点,综合信息得出结论。借助课后习题,我是这样指导学生识字的。

师:仔细看这六幅图,它们有什么共同之处?

生:右下角都有一个小图案。

师:右下角的其实是甲骨文字,所以这道题需要我们做什么?

生:根据图画内容找到每一幅图对应的汉字。

师:瞧,“木”已经找到它对应的图画了。看一看,图画和字有什么相同点?

生:图画上是一棵大树,它底下的根就像是“木”的撇和捺。

师:你找到了它们之间的相同点。谁来猜一猜其他的字分别连哪幅图?结合图画、甲骨文和字说一说理由。

生:第一幅图跟第四个字连。图画上是羊,有两只弯弯的羊角。甲骨文“羊”,头顶上也有两只朝下的角,跟第四个字很像。

生:第二幅图和第二个字连。图画上是一只蹲在树上的鸟,第二个字中间的点很像小鸟的眼睛,那一横像小鸟蹲的树枝。

……

正确连线并不是学习的唯一目标,我们要关注学生的思维过程,引导学生仔细观察图形,激活其概括推理的思维,猜测对应的汉字,并说出猜测、连线的原因,进一步锻炼他们表达思维过程的能力。

2. 在对比中识字

心理学上把容易记错、混淆事物的现象称为“泛化”。遇到形近字时,学生也很容易“泛化”。因此,为了避免学生混淆生字,我们可以指导学生对形近字进行比较,在对比中找到逻辑思维点,分析比较、准确识字。

在统编版小学语文二年级上册《曹冲称象》课文中，有一对容易弄错的生字：秤和称。我引导学生借助字理这样认识、辨别。

师：同学们，你们有什么好办法可以知道这两本书哪本重？

生：可以用手掂量掂量。

师（出示象形字：称）：用手来掂量掂量，用一个字概括就是称。这个字在很久很久以前就是表示用手把东西掂起来——称重。称，还有“说话”的意思，同学们坐得端正，听得认真，老师就会说表扬的话，这就叫称赞。

师：如果我需要准确地知道语文书的重量，需要什么工具？

生：可以用秤称一称。

师：秤，就是一种专门用来称重量的工具。秤和称都是后鼻音，要读标准。

师（出示秤的图画）：古时候，人们把秤称为杆秤，因为它有一根长长的杆子。把用来放物品的盘子称为秤盘，旁边的这个表示重量的石块就是秤砣。随着科技的发展，现在我们有了电子秤。

师：我们怎么区分“称”和“秤”呢？谁有小妙招？

生：“秤”右边是“平”，“称”的右边是“你”去掉人字旁。

师：为什么“秤”的右边是“平”？

生：只有秤杆保持水平，我们才能称好重量，所以右边是“平”。

师：是的。还有一点，我们做买卖时一定要公平，所以右边是“公平”的“平”。

生：“称”是一个动作，“秤”是一样东西。

师：是的。我们既可以根据字形来区分，也可以根据字义来区分。“称”表示称东西的重量，而“秤”则是一种工具。

我们要善于借助识字契机，通过字形、结构等对比识字，引导学生在对比中识记一组组生字或词语，让课堂更有实效。

3. 在归纳中识字

归纳和概括是思维过程中的重要环节。在教学统编版小学语文一年级下册《动物儿歌》课文时,我指导学生通过分析,归纳“动物”的含义,识记词语。

师:在生活中,你看到过哪些动物?

生:小狗、小鸭子、小猪、小鸟。

师:为什么把它们归到“动物”这一类?

生:因为它们不像植物一样不动,可以走来走去。

师:小鱼不会走,只会游,它算动物吗?

生:算,因为小鱼会活动,能够动来动去的就是动物。

师:小汽车也能动来动去,它算动物吗?

生:不算,因为小汽车没有生命。

师:所以,什么样的算“动物”?

生:有生命,可以活动的就是动物。

师:是的。能够活动,有生命的生物就是动物。

上述片段就是引导学生在归纳中识字词,通过启发式询问,引导学生思考动物的特性,再与其他有相同特点的物品进行比较,归纳出动物的共同特点,这就是一种思维的理性加工。

在教学统编版小学语文二年级上册《曹冲称象》课文时,我聚焦“官员”一词,指导学生认识“员”的含义并进行归纳。

师(出示图画):瞧,跟着曹操去看大象的有谁?

生:有他的儿子曹冲,还有其他官员。

师:像这样跟着曹操去看大象的人,我们可以统称为随行人员。

师:既然要饲养大象,那么我们就需要什么(饲养员)?

师:既然要用船来称大象,那我们就需要把船先开过来。在船上工作的人,我们称为船员。戴上了红领巾的你们,是光荣的少先队员。

师:官员、随行人员、饲养员、少先队员,所以这个“员”字就表示有特殊身份的某一类人。

这些识字方法的选择和运用,通过把教材本身的特点、每个生字本身的特点、学生识字的特点恰到好处地融合在一起，让学生的词语学习“活”了起来。

美学教育家朱光潜说：“在文字上推敲，骨子里实际是在思想感情上‘推敲’。”[①]语文教材中的关键字词蕴含着丰富的人文内涵，集哲学、审美于一体，是民族精神的神采之所在，是生本位的长效营养剂。因此，在我们以一篇篇美文向学生的内心世界展开人文攻势的时候，别忘了“字词”这个利器。

① 朱光潜．美学文学论文选集[M]．长沙：湖南人民出版社，1980．

第三章

慢语文理念下的写话教学策略

低年级的写话教学，一直是我们语文学习中的一个老大难问题，教师教得茫然，学生学得累。由于学生年龄小，知识经验匮乏，练习写话，他们往往无从下手，不知道写些什么，那近乎无奈的眼神令人印象深刻；再加上我们教师有意无意间对写话的要求过高，使学生对写话产生了一种莫名的畏惧感。在长吁短叹之余，我们也重视苦写成家的传统，天天写几句，隔日来一段。但此举落入了无尽的"疲劳战"怪圈，伤精费神，增加工作量不说，学生的学习负担也大大增加。日子一久，就连大人也会厌烦，更何况正处于好奇、好动年龄段的学生。

为此，静下心来思考，作为学生学习的启航人，我们有必要让学生摆脱这种欲吐不能、欲写无语的尴尬处境。写话只有"放慢"生成、"放慢"拓展，学生才能实现"会写、要写、乐写"的转变。那么，如何能让学生在快乐中书写、在写话中享受快乐呢？

第一节　说：以说代写激兴趣

说是写的第一步。《新课标》在第一学段关于"表达与交流"的目标中提出，对写话有兴趣，留心周围事物，写自己想说的话，写想象中的事物。学生的习作是从写话起步的，而且是"写自己想说的话"。在学会书面表达之前，首先要学会说话。对说话产生兴趣，说好话，能把自己的想法表达出来，为写话打下良好的语言基础。

在教学中，我们要多引导学生说。例如，在教学统编版小学语文一年级上册《四季》课文时，学完这首儿歌后我会让学生说一说：你最喜欢哪个季节？为什么？用这样的话题吸引学生的注意力，激发他们的兴趣。学生你一言，我一语，争先恐后地表达自己的想法。有的学生说："我喜欢春天，春天花儿都开了。"此时，出示一些蝴蝶飞舞的图画、百花盛开的图画等，教师再进行点拨：花儿怎样？它会对蝴蝶说些什么？学着课文来说一说。这样的氛围轻松活跃，学生可以放松地说，尽情地说。

赞可夫说："只有在学生情绪高涨、不断要求向上，想把自己独有的想法表达出来的气氛下，才能产生出使学生的作文丰富多彩的那些思想、感情和词语。"[①]因此，兴趣一定是学生最好的老师。那么，如何激发学生的兴趣呢？基于一、二年级学生善于口头表达的特点，我们从说话抓起，借用说话训练代替写话，激起学生的表达欲望。

1．想象：看图说一说

(1)借助情境图，说故事

统编版小学语文一年级课本的情境图特别精美、色彩活泼，学生很喜欢，教师可以有意识地选择一些情境图让学生试着说说图中的故事。比如，学习拼音字母"z""c""s"时，借助课文中的情境图，让学生展开想象来说一说故事的情境。学生能根据图中的事物编出有趣的故事，既有利于拼音的学习，也有利于学生的说话训练，为后续写故事做好铺垫。

(2)借助图画，说变化

统编版小学语文一年级课本配了大量图画，不仅色彩亮丽，而且画得极有童趣，让学生一看就喜欢，有力地拉近了文本与学生之间的距离，也让学生的说话训练有了凭借。比如，统编版小学语文一年级上册课文《小蜗牛》的图画讲述了小蜗牛到小树林里去玩，由于爬得很慢，它春天出发，夏天才

---

① 赞科夫．和教师的谈话[M]．杜殿坤，译．北京：教育科学出版社，1980．

到;夏天出发,见到的却是秋天的蘑菇;秋天出发,看到的又是冬天的雪。文章通过连环画的形式向学生讲述了这个有趣的故事。借助课文中的四幅图画,让学生来说一说春夏秋冬四季的变化,学生兴趣盎然。

在基于图画说了四季变化之后,我们又巧妙地借用小蜗牛与蜗牛妈妈的三次对话,让学生模仿如下对话句式介绍自己眼中的四季有哪些变化。

________对________说:"______________________。已经是春天了!"

________对________说:"______________________。已经是夏天了!"

________对________说:"______________________。已经是秋天了!"

________对________说:"______________________。已经是冬天了!"

在第一学段的教学中,我们利用图画不失时机地对学生进行说话训练,大大激发了学生的学习兴趣,也为有针对性的写话指导奠定了基础。

(3)借助口语交际,说想法

在统编版小学语文教材中,口语交际的话题也有了较大的调整。每个话题都有明确的要求,与学生的生活息息相关。这样,不仅便于教师把握教学目标,还让学生有了说话的载体,能做到想说、可说、会说。

例如,在统编版小学语文一年级上册口语交际《小兔运南瓜》中,小兔在地里发现了一个南瓜,小兔把南瓜搬回了家,那小兔是怎样把南瓜运回家的呢?文中缺少了小兔是如何把南瓜运回家的图,给学生提供了无限的想象空间。学生根据自己的经验,想出了很多方法:有的借来小推车把南瓜推回家;有的借助河水的力量,把南瓜"漂"回家;还有的利用南瓜圆圆的形状把南瓜"滚"回家……在学生说出各种办法之后,我们还鼓励学生上来演一演,边演边观察动作,然后加上观察到的动作再把运南瓜的过程说一说。这样的训练为写话中写清楚"活动的过程"做好了铺垫。

2. 坚持:每日说一句

一、二年级学生的书面语言表达能力还不是很强,因此,回家坚持每日说一句能为写话训练做好铺垫。

(1)说想说的话

在《新课标》中，对一、二年级学生的写话提出鼓励：写自己想说的话。每日一句作为一项常规训练，为学生的自由表达提供了可能。说的内容，可以是上下学路上或者班级里发生的小事，也可以是课堂上学习的故事，还可以是课外阅读中的内容……让学生说自己想说的话，自由表达。

(2)说相同的话

为了达到训练的目的，我们不能忽视标点符号的作用。针对每日一句，我们可以用同样一句话，教给学生用不同的标点符号来说话，感受不同标点符号表达的不同情感。

“我是少先队员了。”

“我是少先队员了?”

“我是少先队员了!”

三个句子的内容相同，但由于标点符号的不同，表达的情感存在很大差异。写话比说话具有更强的逻辑性，这样的训练，可以举一反三，让学生运用句号、问号和感叹号来进行说话训练。但要让其明白不同的需求有不同的表达方式，把要写的写清楚、写明白、写通顺、写规范。

(3)说不同的句式

克鲁普斯卡雅说：“模仿对于儿童，正如独立创新对于成人那样同等重要。”①正确的模仿有助于人的成长，如统编版小学语文一年级上册课文《比尾巴》课后习题中的句式。教师可以让学生模仿此类句式进行说话训练。

在统编版小学语文教材中，很多课文都来自名家名作。这些文章富有特色的语言形式和表达技巧，都是学生可以模仿的范例。

3. 提升：每日亲子交流

进入二年级，学生的阅读量增加了，见识也更广了，每日一句已经满足不了学生日益增长的口头表达需求。我们把每日一句提升为每日亲子交

① 克鲁普斯卡雅.克鲁普斯卡雅教育文选[M].卫道治，译.北京：人民教育出版社，1959.

流。它们有什么差异呢?每日一句是学生单方的表达,而亲子交流,则是家长参与的互相交流的过程。一是当孩子出现错误时,家长可以及时纠正,还能引导孩子从不同的角度,用不同的表达方式说话。二是家长可以创设说话的情境,让孩子有话可说。

(1)画话结合——说感受

对于一、二年级的学生来说,培养其观察事物的能力非常重要,同时也需要家长的引导。家长与孩子在路上行走的时间其实就是很好的观察时机。例如,有一位小朋友在过马路的时候,公交车司机叔叔给过马路的行人让了道,这一举动引起了这位小朋友的兴趣,她把看到的情景画成了一幅连环画。她的妈妈让她把看到的和自己想到的说一说,这样就有了一次非常好的说话训练。

(2)亲子游戏——编故事

在亲子交流中,家长有意识地进行家庭游戏,为孩子说话创设情境,不失为一种好办法。孩子喜欢游戏是天性,让孩子在游戏中找到快乐,在游戏中得到成长,选择更多有意思的话题,能使家庭沟通更通畅、更有趣。家庭活动可以多种多样,如猜谜语、绕口令、你说我做等。孩子把游戏编成一个个有趣的故事,大大提高了其语言表达能力。

(3)动手实验——说过程

有趣的小实验也能激起孩子极大的兴趣。在亲子交流的过程中,让孩子做做实验,说说实验过程和实验感想,能为写话打下坚实的基础。例如,孩子看了《身边的科学》后对一些奇怪的现象很是痴迷,决定自己动手做一做。然后,就有了实验过程的练说,家长记录下孩子的语言,发表在班级的小报上。

当然,让孩子慢慢说的方式还有很多,如说故事、说新闻、说趣事等。在一次次的说话训练中,不仅丰富了孩子写话的内容,还能在孩子的最近发展区域内促进其逻辑思维的发展。

第二节　练:以练带写夯基石

“千里之行,始于足下。”纵观第二、三学段学生在作文中常常出现标点符号乱用、用词不当、语句不通顺等错误,其原因就是在第一学段的写话指导中没有打下扎实的基础。我认为,在平时第一学段的语文教学中应注重字词句的“慢练”,以此带动第二、三学段的习作。写话中“慢练、细练、分开练”,可以让大脑有更多的时间思考,让眼睛、双手有更多的时间准备,从而克服难点,夯实写话的基础。

老子云:“九层之台,起于垒土。”在学生作文的起步阶段,我们要采取多种形式的训练,让学生由说到写,由句到段,由段到篇,循序渐进,扎扎实实打好习作的基础。当然,在由易到难的训练过程中,教师要准确把握各年龄段写话和习作训练的重点,立足《新课标》要求,凸显年龄段特点,注意训练的层次性和有序性。心中有目标,眼中有学生,这样才能让学生真正爱上习作。

1. 练——模仿写话

第一学段的统编版小学语文课本图文并茂,许多课文图画形象生动。除了辅助了解课文之外,也是绝好的说话、写话材料。为此,教师要有目的、有计划地挑选那些学生感兴趣的、贴近学生生活、学生有话可说的图画、句式进行写话训练,让学生先从模仿起步,从他人作品中潜移默化地汲取遣词造句和布局谋篇的方法。

(1)填充句子

在统编版小学语文二年级下册《开满鲜花的小路》课文中,有以下这组很有童趣的对话。

> 看到门前开着一大片绚丽多彩的鲜花,她(刺猬太太)惊奇地说:“这是谁在我家门前种的花?多美啊!”
>
> 鼹鼠先生回答:“我不知道!”

看到如此美丽的小路,刺猬太太的心情如何?在教学中,可以引导学生抓住问号和感叹号,读出刺猬太太的惊奇与赞美之情。教师可以在让学生品读理解课文的基础上,指导学生自由挑选其中的一幅图画,把图意写下来。不求生动具体,只要学生能把话填写完整,读得通顺连贯即可。

学习了课外补充《春雨的色彩》一诗后,教师也可以让学生自由选择与春天相关的各色景物,看着图画填空写。

> ______说:“春雨是______色的。你们瞧,春雨落在______上,______就______了。春雨洒在______上,______也______了。”

这样的训练给了学生一定的范式,有法可依、有章可循,大大降低了写话的门槛,消除了学生对写话的畏惧,使学生很容易动笔。有话可说,是习作起步阶段的一种快捷而行之有效的好方法。

(2)仿写句子

一年级时,学生已经初步具备了“句子意识”,能够结合图画把有关情境讲完整、讲清楚。到了二年级,学生应该在此基础上有所提升。教师应进行句式结构的指导,迁移写话训练。如,统编版小学语文二年级上册《葡萄沟》这篇课文旨在引导学生运用“联系上文的方法”理解“五光十色”的意思,感受葡萄颜色多、品种多、品质好的特点,丰富学生的语言积累;指导学生发现句子先具体再概括的句式特点,并结合课后题进行迁移训练,为今后写话打下坚实的基础。

> 葡萄一大串一大串地挂在绿叶底下,有红的、白的、紫的、暗红的、淡绿的,五光十色,美丽极了。

让我们仔细再看上图例句，可以发现这句话其实可以分为三个部分：第一部分是场景营造（葡萄一大串一大串地挂在绿叶底下）；第二部分是列举（有红的、白的、紫的、暗红的、淡绿的）；第三部分是总结，也可以是抒发想法（五光十色，美丽极了）。

“慢练三步走”搭建了脚手架，引导学生发现这一句话先具体再概括的结构特点，学生写句子也有了一定的范式，再出示超市的场景、打雪仗的场景、过年的场景，拓宽仿写思路，把句子写具体、写完整，密切读和写之间的联系，学以致用。

2. 练——选词定向

字词句段篇是语文学习能力发展的一个内在规律。一、二年级学生进行写话练习，在练习有形的实体画面写话的同时，也要注重发挥想象力的自由写话。为了有效解决自身知识、经验和生活积累匮乏，写起来常常前言不搭后语或重复啰唆，有时更带有语病的问题，就词论词，进行由少到多、由短到长、连词成句扩充的习作训练，对写话也很有益处。

纵观一、二年级学生写话练习的教材内容，大体可以分为两大类：一是看图写话；二是设定相应词语，想象创编故事。其中，看图写话是基础，“看”是前提，“写”是目的。在平时的教学中，我们除了指导学生学会有序、细致观察的本领外，选词定向也是写话一种很好的尝试。

(1)词语扩展

对于一、二年级的学生来说，游戏是学生最喜欢的。在课堂上，教师可以通过选词定向的游戏，让学生建立句子的概念。如，教师提供字词卡片，让学生从中抽取，组成一句话，并且要加上标点符号。此外，还可以从个体玩扩展到小组一起玩，学生兴趣盎然，在游戏中为以后的写话奠定基础。

以一个完整句子的四要素为前提，对一个词语进行多方面的扩展。如，用“星星”“小树”“礼物”三个词发挥想象写一段话。乍一看，它们似乎并无多大联系，但通过有意识地发散思维和想象补白，可以延伸出多个写话的话题，如“星星送礼物给小树”“小树把礼物——星星送给妈妈或朋友”“小树的生日到了,星星赶来送礼物”“我把礼物挂在小树上,请星星帮忙看守”……结合学生自己的意向取舍,进行相关词语的扩展:星星;明亮的星星;宁静的夏夜,明亮的星星眨着眼;宁静的夏夜,明亮的星星眨着眼,看着洁白月光下的孩子们嬉笑打闹,它也咧开嘴笑了……

如统编版小学语文二年级上册“语文园地二”中的看图写话练习,就画面内容而言,简单明确,学生较易把握。由此,根据画面里动物们的动作、表情、神态,确立相应的词语:开心、快乐、悠闲自在、幸福等,确定心情的走向;做游戏、荡秋千、闭目养神、攀、爬、做鬼脸等,交代事情的动态;争、抢、挤眉弄眼、抓耳挠腮等,强调神态的表现。寥寥数词就把一幅“猴子们在猴山上嬉戏玩耍”的鲜活景象囊括于胸,为写话埋下了很好的伏笔。在此基础上,再进行有选择的串联、说话,完成一个片段也就功到自然成了。

因此,选词定向实际上就是定情感基调之向、定事情发展之向。它是学生实现写话的垫脚石,能让写话“有绳可依”。

(2)问题倒推

从事情的结果出发,学生自我设问、自我解答,理清事情发展的前因后果,逐步成文。以“星星送礼物给小树”话题为例,可以设问:星星为什么要送礼物给小树?送礼物时,该怎么说,怎么交流?送的礼物是什么,怎么样?还会有谁也赶来送?小树心情如何?因人而异,从中会衍生出礼物的多层寓意,可以是祝贺也可能是道歉,可以是意外惊喜也可能是如愿以偿,可以是亲朋好友也可能是师长后辈。

在统编版小学语文一年级下册口语交际《老鼠嫁女》中,教师将讲故事的主动权交给学生,引领学生在看图写话的练习中用简单的语言描述图画呈现出来的主要信息。看图写话的练习,主要从三个方面进行:一是整体看图,理清故事发展的过程;二是细节读图,读出每幅图画的主要信息;三是连续讲图,将故事发展的脉络串联起来。在学生完成看图写话之后,教师对其中的细节问题进行指导,在充分肯定学生尊重事实、读出图画中的真实信息的过程中,鼓励学生结合生活经验丰富对图中信息的表达,如表情、动作等。

在不断推进的“为什么”中，体现了一种思路的走向和拓展，从而逐步实现写话交流的目标。

3. 练——复述创造

在学生识字写字量还不多的阶段，教师或家长运用先进的媒体技术帮助学生记录平时生活中特别有趣的语言或者口语表达的内容，如用微信语音记录，然后，慢慢地让学生尝试写下来，家长或教师辅助。由此，既可以帮助学生增加识字量，也能在作品展示时，让学生很有成就感。以此激发学生进一步去说，去记录，慢慢从说过渡到写，让写成为自己的需求。

连环画是第一学段统编版小学语文教材中特有的一种表现形式，其图意文思的半动态呈现，很有共情力。为此，利用好教材这个蓝本，学习课文中正确、贴切的表达方式；练习完整、连贯、流畅的情节构思方法，也是对写话技能的一次很好的提升。

如在统编版小学语文一年级下册《小熊住山洞》，统编版小学语文二年级上册《雪孩子》《坐井观天》等课文中，不仅动物形象很受学生的欢迎，而且文中蕴含的优秀品质、深刻道理也不言而喻，深入人心。在学完课文后，趁着学生意犹未尽，让学生把故事进行“二次创作”：讲给别人听；试与“大师”比高低，自己也来当小作者，创设“新版、修订版”，把文中每幅图画的意思用自己的语言说出来、写下来，看看哪个更受欢迎。实践证明，学生的“草根”作品受众更多，远胜文中的精品，因为那是属于他们自己的作品，是唯美的心声。

第三节　读：以读促写拓思路

“读书破万卷，下笔如有神。”讲的就是读书与习作的关系。课外阅读对于习作的作用是不言而喻的。但问题在于，有的学生阅读了很多书籍却仍然不会写，其中的原因就是在从读到写的过程中缺乏点拨与指导。读为写奠定基础，读中积累的语言材料和获得的情感体验为写建立素材库，为写提供技法支持；写是读的延伸，读后把自己的情感和体验表达出来，成为物化的结晶。那么，如何进行读写指导呢？我们不妨选择学生喜爱的童诗、绘本、童话进行循序渐进的训练，以读促进学生的写，拓宽学生后续习作的思路。

1. 读童诗，来模仿

学生喜欢读朗朗上口的诗，喜欢写富有想象力的诗。可以说，他们天生就是诗人。

(1)基于教材的诗歌仿写

原人教版低年级语文教材中有大量的童诗(包括儿歌)和韵文，这些诗歌短小精悍，富有节奏感，具有明显的语言规律，富有童趣、童真，特别有韵味，是从儿童身心发展的规律出发而特意安排的。表1对统编版小学语文第一册和原人教版小学语文第二至第四册中的儿童诗歌进行了罗列。

表1　统编版小学语文第一册和原人教版小学语文第二至第四册诗歌罗列

教材	诗歌题目	课中的要求	比较明显的段式	达成的目标
统编版小学语文第一册	《四季》	你喜欢哪个季节？仿照课文说一说。	选择一个季节仿写：_____，他对_____说："我是_____。"	用一定的句式说说自己喜爱的季节。
	《比尾巴》	照样子做问答游戏。	谁的_____？_____的__________。	模仿句式能了解更多动物的尾巴。
	《明天要远足》	你有过这样的心情吗？和同学说一说。	翻过来，唉——睡不着。那地方的_____，真的像_____说的，那么_____吗？	通过句式训练，结合自身体验，感受远足的激动心情。

续表

教材	诗歌题目	课中的要求	比较明显的段式	达成的目标
原人教版小学语文教材第二册	《柳树醒了》	课后没有明确要求，但诗歌本身有明显的句式特点。	______跟____了， ______着____着， ______呀，____了。	通过仿写，进一步感受春天的美好。
	《春风吹》选读		春风吹，春风吹， 吹绿了________。 吹红了________， 吹醒了________。	
原人教版小学语文教材第三册	《植物妈妈有办法》	我还知道别的植物传播种子的方法。	蒲公英妈妈准备了________，把它__________，只要__________，孩子们就________。	仿写一定的段式，了解更多植物传播种子的方法。
	《假如》	读读说说课文的句式。	假如我有一支马良的神笔，我要给______画______。	通过仿写，感受助人为乐的快乐。
	《四季的脚步》选读	没有相应要求，但诗歌本身有明显的句式特点。	______天的脚步悄悄，悄悄地，她笑着走来。	通过仿写，进一步感受四季的变化。
原人教版小学语文教材第四册	《要是你在野外迷了路》	我还知道一些辨别方向的方法呢！	要是你在野外迷了路，可千万别慌张。 ______是个______。 它在____指点方向， ________时候，它______。	通过仿写，突破借助事物辨别方向的难点。

根据这些课内可训练的儿童诗歌，我把诗歌的仿写融入课堂教学之中，学以致用。对于学生来说，写话能力的提升是显而易见的。

(2)课外补充的诗歌仿写

除了课内让学生写诗，在我们的日常教学中也可以补充儿童诗歌的学习和创作。为此，我们在课外还补充了《日有所诵》《经典诵读》《一个孩子的诗园》等大量朗朗上口的儿童诗歌。学生读着读着，就进行了模仿。在期末的游园活动中,我们还把有趣的对答歌、连锁调等融入游戏中。

2. 读绘本,来创编

叶圣陶曾说:“阅读任何文章,主要在得到启发、受到教育、获得间接经验等,而在真正理解的同时,对文章的写作技巧必然有所领悟,可以作为练习写作的借鉴。”①儿童绘本是儿童最喜爱阅读的书籍,它的一个重要特点就是图文并茂,图能讲故事。好的儿童绘本,还能给儿童很大的创作空间。

(1)仿写:技巧迁移

儿童天生就很会模仿。许多绘本结构简单明了,语言生动有趣,是学生仿写的好蓝本。如,绘本《我爸爸》用小安东尼·布朗的语气,生动自豪地介绍了自己的爸爸,夸张的儿童语言中充满了爸爸浓浓的爱。阅读后,引导学生:你也能学着作者的样子说说自己的爸爸吗?当然,也可以说说自己的妈妈、爷爷、奶奶等。先在四人小组里向小伙伴介绍一位你最爱的人,之后组织全班交流,最后模仿绘本用几句话写好这位亲人。学生有了《我爸爸》这个绘本的依托,从中掌握了习作技巧,模仿起来就变得轻松自如了。

(2)扩写:想象释放

绘本最大的特点是直观而感性的情境表达,这样的情境能激发学生展开想象,有助于学生对内容的理解,也为写话提供了资源。在带领学生阅读《光屁股大犀牛》后,绘本中那栩栩如生的图画、幽默风趣的故事情节和有趣的语言文字深深地吸引了学生。此时,我引导学生把目光聚焦在“动物们纷纷逃跑”和“动物们回到草原”两个画面上,让学生仔细观察、展开想象,选择其中的一幅图画将自己的观察用语言表达出来。学生对动物逃跑的情形和回来的情形都做了大胆的想象,包括动物们奔跑的姿态、逃跑时的语言以及小卡尔的心理活动。

(3)续写:精彩嫁接

读完一本绘本,有时并不代表这个故事就结束了。高明的绘本作家会

---

① 叶圣陶.叶圣陶教育名篇[M].北京:教育科学出版社,2007.

在绘本的细微之处打开另一扇“窗”，引导读者想象开去，编写下去。如《小猪变形记》，在引导学生共读这个绘本的同时，我巧妙地安排了续编。

共读故事

1. 出示封面，观察小猪的表情，猜猜它的心情。

2. 带着问题阅读绘本：小猪遇见了谁？它想出了什么好主意，又是怎么做的？

3. 交流后，用句式训练说话：小猪说：“我是________。”________不以为然地回答：“________。”

续编故事

小猪还想变成什么？你觉得又会发生什么奇怪的事呢？你能把故事编下去吗？

其实，绘本故事的创编对于一、二年级的学生来说并不是很难。比如，给无字书配上文字，像《小老鼠无字书》系列、《大拇指无字书》系列等都是很好的创编教材；又如，让学生续编故事，或者有些绘本富有哲理，也可以让学生结合自身体验来写一写。只要你相信孩子的想象力是无限的，那么孩子就会给你创造奇迹。

3. 读童话，来想象

童话故事是一、二年级学生喜欢阅读的一种文体，教师带着学生每天读童话，在一边读一边演的过程中，学生就逐渐形成了童话思维，然后慢慢引导学生从读到演再到编写童话。那么，如何引导学生进行大胆的想象，让每名学生都能创造出属于自己的童话呢？

(1)联想——给童话提供空间

孩子的想象力是无穷的。根据孩子的这一特性，我们不妨在平时的写话教学中多为学生创设一些联想的情境，任由学生天马行空、不拘形式地创作。例如，在学习了统编版小学语文一年级上册《比尾巴》课文之后，我为学生创设了如下情境。

自从兔子、猴子、公鸡、孔雀比了尾巴之后，很多动物都跑来比赛啦!有的动物想比一比谁的尾巴作用大,有的动物想比一比谁的皮毛漂亮,还有的动物想比一比谁跑得快……为了满足大家的需求,狮子大王决定学着人类的样子召开一次森林运动会。狮子大王贴出了告示:欢迎大家前来报名参赛,参赛项目有比尾巴、比鼻子、比皮毛、比四肢……有哪些动物会来报名呢?他们比赛的时候又会有什么精彩的表现?你能当当裁判员,来写一写动物们比赛的过程和结果吗?

话题一出,学生就展开讨论了,有的说松鼠和老牛会来比谁的尾巴更有用,有的说长颈鹿和猎豹可以比谁的皮毛更漂亮,还有还有……你一言,我一语,这样的情境无疑打开了学生的话匣,激发了学生的想象力,为童话编写提供了无限的空间。

(2)表演——给童话创设情境

孩子天生就是表演家。童话故事情节跌宕、人物神奇,尤其是精彩的对话,往往能促进故事的发生和发展。如果把童话搬上舞台进行表演,那么我们就要对童话进行改编或者创编。在这个过程中,学生就要深入童话故事,研读童话中人物的对话,把故事的情节变成一个个有趣的动作和精彩的画面,这有助于学生对童话的整体感知。例如,在学习了统编版小学语文二年级下册《小毛虫》课文后,我们就把小毛虫蜕变成蝴蝶的故事搬上了舞台;我们课外阅读了《三只小猪》,就有了舞台上的《新时代的三只小猪》。在这样的表演情境中,学生有了更多的情感体验,也更能用自己的方式表现文本的内涵。如此一来,超越文本,创编童话也就不再那么难了。

(3)绘画——给童话增添色彩

喜欢用绘画的方式表达自己的理解是一、二年级学生的一大特点。我们发现统编版小学语文教材中的童话故事也往往搭配有趣的图画,这些图画形象生动,聚焦故事主题,让学生感受到了世界的精彩。在教学中,我们常常会借助图画来展开童话教学。如在学习统编版小学语文一年级上册《小蜗牛》课文时,巧妙地抓住课文中的图画来揣摩小蜗牛内心的真实想法,不失为一种好办法。鉴于此，在学生创编童话的过程中，我们也可以采用逆向思维。写故事前先让学生用画构思情节，故事“画好”后，再给画面配上相应的文字，图文并茂，画面与文字就形成了双跨越，简单的童话也就诞生了。

(4)续编——给童话插上翅膀

在童话的世界里，孩子喜欢用自己的想象来描写自己的蓝天。童话故事教学如果能够抓住这一特点，那么续编一定是一个非常接地气的办法。在此基础上，让学生展开合理的想象，对童话进行改编。如在统编版小学语文一年级下册《小猴子下山》课文中，如果你是那只小猴子，面对自己此次下山一无所获的情况，你回到山上会怎么想？怎么做？再次让小猴子下山，又会发生什么有趣的故事呢？让学生带着这些问题展开想象，进行续编，有很大的创编空间。有的学生编写成：小猴子再次下山遇上了诡计多端的狐狸，他与狐狸展开了机智的搏斗。有的学生写出了：小猴子再次下山，一路上帮助了很多小动物，做了很多好事。可以说，续编给学生插上了想象的翅膀，让他们飞向了自己的童话世界。

第四节　玩：以玩导写增体验

生活是学生习作的源泉。要让学生在生活中学会观察，注重体验，获得表达的灵感。只有有了经验、有了感受，才能真实、自然地表达。因此，努力拓宽学生的生活时空、丰富学生的生活体验、增加学生的生活阅历，从而激发学生的习作欲望。

1. 课间活动——玩中觅素材

有了丰富的生活体验，才能表达真情实感，才会言之有物。学生每天都会在课间做各种游戏，如果教师能借助这些课间活动，帮助学生从活动中寻找写话的素材，为学生创设更多的写话情境，那么学生的习作将变得更加丰富。比如，我常常带着学生在大课间的时候玩各种游戏：贴膏药、打野鸭、踩气球。每一次游戏之后，我都会让学生坐下来，描述刚才游戏中的精彩画面。这时,学生的思维极其活跃,谈论亲身体验的活动时,特别有话说。

下课或午间,我也会带着学生观察校园的角落。春天,我们发现了第一朵盛开的桃花;夏天,我们遇见了燕池的小蝌蚪;秋天,学生拾回落叶给我写落叶信;冬天,一个个可爱的雪人会出现在我们教室的门前……游走校园的过程也是引导学生观察和描述的过程,学生用他们的口耳鼻手等多种感官体验大自然微妙的变化,觅得素材方能写出鲜活的文章。

2. 学校活动——玩中学观察

叶圣陶曾说:"从学生的生活实际入手,全方位地采撷生活中的素材,才能真正做到'我口说我心,我手写我心'。"[①]学生的生活是多姿多彩的,学校为学生开设了许多活动:体育节、科技节、读书节、艺术节等校园文化活动丰富多彩;春秋游、经典诵读、演课本剧等实践活动乐趣无穷。活动中真实的经历、个性化的体验,都为学生提供了第一手写话材料。如在科技节中,学校安排各年级的学生领取各种各样的种子,带回家种植,边种植、边观察。学生对此乐此不疲,写下了一连串的观察日记。

3. 亲子活动,玩中悟感受

"读万卷书,行万里路。"为了拓宽孩子的视野,很多家长会带孩子参观交警工作的场所;遇到某些地区受灾了,会带孩子去爱心捐款;还会带孩子去敬老院慰问孤寡老人等,让孩子在实践中慢慢成长。

孩子喜欢玩,玩本身就是一种体验。如果在玩的过程中,家长还能有意识地让孩子玩好、玩尽兴,并适当地引导孩子聊聊自己的感受,那么这种体验对孩子来说留下的印象就会更深刻。有的家长在活动结束后,还让孩子尝试着把活动的过程和活动的感受记录下来,那么活动的意义就更大了。比如,二年级时,我们班开展了攀岩项目的亲子活动,孩子们在攀岩中有的表现得非常勇敢和机灵,三下五除二就爬上去了;有的起先低估了攀岩的难度,爬到中间举步维艰,进退两难;还有胆小的只敢在下面看别人爬,但做了

---

① 叶圣陶.文章例话[M].北京:生活·读书·新知三联书店,1983.

细心的观察。当天，我把亲子活动的过程拍了下来，特意捕捉了几个精彩的镜头。第二天，在课堂上，我指导学生写下了《一次难忘的活动》。

假期是家长带着孩子旅行的最佳时期，游览祖国的山山水水，参观各地的名胜古迹，亲子活动可谓丰富多彩，孩子写下的感受也是五彩缤纷的。

“万丈高楼平地起！”在习作初试阶段，找好教学的切入点意义独特，它是学生走向成功的敲门砖。我们要把重点放在对学生写话兴趣和自信的培养上，为学生提供广泛的习作空间，让学生有东西写，愿写、敢写，并努力实现个性化表达。为此，还需要注意以下三点。

1. 善读积累是基石

面对学生语言贫乏、表达苍白的现象，我们不要着急，要慢下来，要想方设法为学生增加文化积淀，扎扎实实地做好“导读”这门功课。在练读取向上做到有的放矢，增强读书笔记的趣味性和实用性。注重阅读积累的质和量，开展扎实有效的阅读评价，使学生厚积薄发真正受益。

2. 丰富想象是保障

儿童是天生的戏剧家，让童心说话，让童心想象，才能形成儿童特有的作文个性。因此，我们要有意识地每周都给学生提供几个话题供他们选择，经常给学生提供一些抽象的图形，让学生自己去拼图、想象，进行写话。学生的想象之翅一旦高飞，对提高写话的兴趣和能力是大有裨益的。

3. 肯定赞赏是动力

坚持多肯定、多鼓励，能让我们的学生在期待中收获动力，在赞美中生发活力，在激励中赢取潜力，在写话的起跑线上快活、轻松地飞奔向前，享受更多成功的喜悦。

总之，良好的开端是成功的一半。要提高语文课堂教学中写话的实效，使学生真正喜爱写话、乐于表达，选择和运用好教学的切入点不失为一剂良方。对此，我们不仅要潜心钻研教材，做好自己的案头工作，善于在有限的教材资源中挖掘和提取教学的切入点，还要具有一双慧眼，学会在无限的生活资源中发现和捕捉教学的题眼，开展有效的课堂教学。功在课内，利在课外,让习作真正成为学生成长路上不可或缺的一部分,这样语文才能走得更远。

在漫长的写话研究之路上,引导学生节奏放慢一点,发现鲜活一点,体验独特一点,在语文学习中的收获就会更多一点。

第四章

慢语文理念下的阅读教学策略

叶澜指出，要从生命的高度，用动态生成的眼光来看待课堂教学。[①] 语文课堂阅读教学过程是一个不断变化、渐进的过程，是一个动态生成的过程，它需要师生、生生之间的多向互动、平等对话。它随着教学环境、学习主体、阅读教学方式的变化而变化，根据教师不同理念指导下的处理方式的不同而显现出不同的价值，具有生成性、动态性和真实性的特点。那么，如何在把握起点的同时寻求弹性资源，在多维互动中运用教育机智调控阅读教学课堂，使不同的学生得到不同的成长呢？我们试图从教师的教和学生的学两个方面同时推进。

每一名学生都是生动活泼的人、发展的人、有尊严的人，对不同的学生采用不同的教法，是以学定教的真正体现。然而，面对四五十名学生济济一堂的大班教学，我们还无法做到一对一的因材施教。那么，如何基于学生不同的起点开展阅读教学呢？我们尝试通过细读、深读、品读、畅写等四种方法，还学生一个有效的阅读课堂。

第一节　细读：鉴他山之石

在小学阶段，语文阅读教学的目标是能够让学生熟练地使用一些基本

① 叶澜．上课堂焕发出生命活力[J]．教师之友，2004(1)：49-53.

的字词和短语,进而鼓励他们运用一些技巧来表达内心的情感。同时,阅读是个体采集信息、运用信息、形成认知、开拓思维、提升审美的重要方法。它在个体的成长过程中起到非常重要的作用,是个体能够独立思考的思想基石。纵观语文阅读教学的特点,我们不难发现,这些知识还是挺深奥的。再看学生身心发展的规律,学生的阅读是一个由慢到快的过程。同样,阅读与阅读教学也需要经历一个由慢阅读到慢阅读教学的过程。如果个体的阅读水平在他的启蒙阶段得到了充分的培养和正确的引导,那么在此过程中养成的良好的阅读习惯将使他终身受益。

因此,慢语文首先需要学生慢下来,静下心来细读课文。不同的学生对文本的解读不同,就会产生不同的问题。课堂上让学生先互相倾听,让先进生先行,帮助后进生解决部分疑难问题,再思考自己的问题和别人的有什么不一样。听了别人的问题后,有没有产生新问题?先聚焦再学习,从而提高效率。下文以统编版小学语文五年级下册《草船借箭》课文为例进行阐述。

教学前,通过了解,我发现班里已有30%的学生读过《三国演义》,对这个故事早有了解;18%的学生读过《三国志》,对这个故事还提出了疑义,认为周瑜并非书中所写的这般“奸诈”;当然,还有52%左右的学生只读过课本。基于学生的不同层次,我充分利用差异资源,针对文本展开教学。

想要达到最大效益,势必要做好检测。知道学生最真实的阅读情况,掌握学生关注的焦点,针对焦点作进一步的了解和思考。真正调动学生的主观能动性,让学生走进文本,在真实的阅读交互中初感文章的辉影,增强深度学习中的“经历”感和“体验”感,从而带着真感受进课堂。

1. 立足检测,学生差距初缩小

在统编版小学语文五年级下册《草船借箭》课文的前置学习中,部分学生对字词、主要内容等的掌握十分到位,但还有部分学生存在问题,如何缩小差距?第一步,要求学生通读全文至少五遍,知道它的大意。在这个环节中,学生在细读中对文本有了进一步的掌握。在阅读之后,结合阅读角度,进行问题的探索,挖掘阅读中有价值的信息,让学生与作者产生共鸣。学生从内心深处对这篇文章产生主动学习的意愿。

第二步，我们借助检测反馈的方法，引导知之者教未知者。学生在阅读时，要准备好一支笔，根据教师提供的检测内容，在文章中寻找问题的答案。在阅读中，学生要找到表达中心思想的句子，并用笔勾画，标上重点符号。此外，学生还应结合平时的阅读积累来阅读，做到反复阅读，深入理解。

由此，学生在自读这一环节有了初步的尝试，对文章涉及的背景也有了浅层的了解。这个过程，不重在学生对于文本的了解是否透彻，而在于让他们学会自主关注，并尝试自主解决碰到的问题，同时拉近生生之间的距离。

2. 了解需求，共性问题尽讨论

讨论是学生检测之后的活动。与检测中所思考的问题不同，这一环节的讨论是为了了解学生的需求，让学生感受和理解文本的中心思想。每个人对于文本都有着当下最鲜活的解读，用学生自身的第一视角来打开阅读世界的大门，无疑是极具意义的。当然，在这一环节中，我们可以组织多种阅读讨论活动，以此来帮助学生感悟文本的中心思想。比如，借助问题串的形式组织学生进行讨论，或者创设情境引导学生结合文本中的描写进行感悟，又或者分层解读，等等，总之，在这一环节中，我们要结合文本的特点，通过组织不同的活动来提高学生的阅读能力。

还以上文提到的《草船借箭》这一文本为例。在前置学习中，我们发现“文中哪些地方体现了诸葛亮的神机妙算”这个问题成为共性问题。我们采用四人小组议一议的方法，在议论中听听别人怎么说，再想想自己的想法，互相比较，捕捉与自己的想法不同的信息，调整自己的认知结构。这些形形色色的想法将为学生铺陈出一个多彩的阅读视界，开阔他们的眼界（见表 1）。

表1　诸葛亮神机妙算的表现

<table>
<tr><td rowspan="5">诸葛亮神机妙算</td><td>他算到什么</td><td rowspan="5">果然</td><td>事实如何</td></tr>
<tr><td></td><td></td></tr>
<tr><td></td><td></td></tr>
<tr><td></td><td></td></tr>
<tr><td></td><td></td></tr>
</table>

只有关注身边同伴的想法和思考方式,才能在共同的阅读中得到反馈,进而帮助学生更加准确地认识和理解文本中所表达的情感,同时也能让学生真正感受到阅读的价值,从而更好地培养学生良好的阅读思维和阅读习惯。

3. 筛选问题,难点困惑再思考

把握教学的起点,我们可以从学生的未知起点出发,直接聚焦共性问题。通过全班交流反馈,学生可以把自己还存在疑惑的问题摆出来。谁用草船借箭?怎样借箭?借箭的结果如何?对于学生来说,那些存在疑惑的问题势必更有讨论和思考的价值,可以促发学生从多个角度来看待这些问题,激发其更深的思考。由此,根据新起点,又能聚焦新问题。当我们把目标锁定在"学习讲故事中的悬念与曲折,分析三个人物形象,理解人物形象间的衬托作用"时,课堂学习就会不断生成。因此,在这个过程中,教师要"蹲下来看学生",关注每名学生,认真倾听他们与自己预设不一致的想法,并根据学生的"学"调整自己的"教"。

教师在这些课例中筛选出学生共同关心的话题和问题,并组织学生进行讨论和记录。这不仅能培养学生的思维能力,自主深化对相关内容的认识,还能为后期阅读教学带来真实的情境。

第二节　深读:立自我观点

在课堂上听取他人意见之后,学生会对自己的信息进行调整,从而产生新的问题。面对文本，学生已经有了初步的认知，他们关注的内容也就有了深度研讨的价值。在探究中，自我观点变得更加具象化，有了更强劲的生命力，进而能够加深学生深度学习中的感悟，让学生重构并整合自己的理解。同时，也能锻炼学生的独立性、批判性和理性，让阅读教学真正落地。

教师根据学生的新问题，及时梳理、聚焦，寻找能让“先进生吃得饱、后进生吃得了”的弹性资源，这样在课堂上学生才能有话可说。那么，如何让学生更好地展开深读、树立自我观点呢？

1. 创造机制，多维互动共学习

在课堂上，教师如果不注意引导，很多学生就会因为害怕被别人发现错误而掩饰、遮盖自己真实的学习过程。因此，教师可以跟学生共同创造一些课堂制度，如奖励发表异议的、鼓励大胆发言的等，让每名学生都敢于暴露自己真实的思维、愿意表达自己真切的情感体验。在语文阅读教学课堂上采用积分奖励制符合以学生为本的教学理念，能够切实转变教师和学生的课堂位置，将课堂的主体地位还给学生。如果学生对语文有较高的学习兴趣，能够抱着愉悦的情感态度来学习，就能更好地进行阅读。因此，作为语文教师要致力于激发学生在语文阅读课堂上的学习主动性，提高学生的学习兴趣。积分奖励制符合学生的学习心理，能够激励学生调动自身的思维。但积分奖励制也要争取做到因人而异，突出对学生自我表现的重视，鼓励学生在自身已有的基础上逐步提高。

如果说精彩的慢语文课堂是一棵树，那么出色的教学设计就是树的主干，课文内容就是树的绿叶。然而，想要树开出美丽的花，需要教师智慧的追问。

《礼记·学记》中说：“善问者，如攻坚木，先其易者，后其节目。”运用在教学中，其实就是追问的艺术。教师可以设计一些学生感兴趣的话题进行追问，以促进生生、师生之间更广泛、更深刻的互动。如一位教师在教学统编版小学五年级上册《将相和》课文时，抓住学生爱分胜负的心理特点精心设置了“读了这个故事，你觉得在渑池之会上，赵王和秦王究竟谁战胜了谁？”这个问题，挑起了学生思维的矛盾，学生据此展开了激烈的讨论。有的说战成了平局，有的说秦王战胜了赵王，有的说赵王战胜了秦王。面对这种争论不休的局面，教师没有一锤定音，而是让学生再细读课文，并分小组进行讨论。结果，大家都认为在渑池之会上是赵王战胜了秦王。紧接着，教师又追问了一句：“你是怎么知道的？”一石激起千层浪，在课堂上形成了多维互动的局面。

这样富有智慧的追问不但能够激发学生的思维，擦出思想的火花，还能够在追问的过程中培养学生深入思考的好习惯。比之于疾风暴雨、走马观花的快餐式语文，这样的慢语文更能培养学生的语文素质和文学素养。

2. 捕捉信息，展开辩论促思维

在教学过程中，往往在教学的不经意间，学生产生了一个典型的疑问，生出了一朵创新思维的火花。如果我们教师善于捕捉这些细微之处流露出来的信息，加以重组整合，巧妙引导，也会给课堂带来一份精彩。生活不是非黑即白，在事件中总是交织着情与理。学生需要用更加敏锐和思辨的思维去审视，学会处理和解决问题，提升自己的阅读思维。

如在教学原人教版五年级下册《临死前的严监生》课文时，一位教师要求学生默读课文，思考严监生是个怎样的人，并找出相关词句进行体会。在交流中，有如下生成过程。

生：我觉得他是一个爱钱如命、吝啬的人。

生：老师，我认为他不是个吝啬的人，而是个节俭的人！

师：哦，你的理解很独特，那严监生究竟是个怎样的人？请大家细读课文，为自己的观点找找理由，辩论辩论。

生：我认为他是个节俭的人，因为他临死前担忧两茎灯草太费油，直到妻子挑掉一根才肯断气。他的目的是节省一点灯油给子孙。

生：我反对，严监生已经病得不能说话，是个快死的人。按常理人死前都要表现出对亲人的牵挂、留恋，但他大侄子等人问他是否牵挂什么人时，他都闭着眼睛摇头。可见，他死前根本没有想亲人，只想着两茎灯草。这还不吝啬吗?

生:"节俭"指"用钱等有节制",而吝啬是指"过分爱惜自己的财物,当用而不用"。我觉得作者笔下的严监生是个反面人物,其性格应该是吝啬。

师:是啊!严监生临死前没有表现出对生命的留恋、对亲人的眷恋,心里只想着那油灯里的两茎灯草,这能叫节俭吗?

生:不能!

在这个环节中,部分学生根据自己的知识经验和生活经验对文本内容进行了个性化理解、判断,认为严监生是个节俭的人。这显然是错误的,但这就是这部分学生的实际学情:生活经验不丰富,知识积累不多,透过文本抓住实质的能力不足。在教学时,我们不能违背实际来迎合学情。这位教师通过引导学生慢慢细读,巧妙地化解了学生的负面学情,从而使学生的知识、情意都得到了实质的提升。

3. 适时点拨,深入交流再突破

阅读教学是语文教学中不可或缺的组成部分,对于培养学生的理解能力、共情能力和习作能力具有重要的促进作用。在不断即时生成的课堂上,只有教师充满睿智的调控、巧妙适时的点拨,引导学生用全部的理智、经验和情感去感受、领悟、欣赏文本的内涵,才能让课堂充满智慧。我根据教学实践经验,从部分课堂教学实例切入,对语文阅读教学点拨技巧进行探索。

在学生一知半解处点拨。统编版小学语文四年级下册第五单元习作例文《颐和园》中有这样一段话:正前面,昆明湖静得像一面镜子,绿得像一块碧玉。游船、画舫在湖面慢慢地滑过,几乎不留一点痕迹。许多学生都能从比喻句中感悟到昆明湖的平静和美丽。但这两句话中有一个词用得非常精妙,更能突出昆明湖的平静,学生并没有真正领悟。这时,我轻轻一点:"老师想把这句话中的'滑'改为'划',你们觉得如何?"课堂上出现片刻的沉默,紧接着一名学生回答:"我认为不可。划船时,湖面会产生许多波纹,但看起来还是很平静的。而文中说,游船、画舫在湖面慢慢滑过,几乎不留一点痕迹,如果用'划',这样一来就自相矛盾了。"我赞许地点点头,一时间,学生们纷纷举手发表意见。

从上述教学实例中可以看出,学生因阅读量有限,出现了知识盲点,导致无法找到正确的原因。在这种情况下,教师要适时给予学生直截了当的点拨,扫清理解障碍,帮助学生真正进入文本。

在学生欲说无言处点拨。一位教师在教学统编版小学语文六年级上册《我的伯父鲁迅先生》课文时,当学到“四周黑洞洞的,还不容易碰壁吗?”一句时,学生能理解“四周黑洞洞的”是指当时社会黑暗,但对“碰壁”的理解较为模糊,从而找不到准确的语言来表达。这时,教师说:“在黑洞洞的房间里,不走动会碰壁吗?在黑暗的社会里不写革命文章,反动派会迫害他吗?鲁迅还会常常‘碰壁’吗?”教师的一番话让学生茅塞顿开,终于明白了:“哦,国民党反动派当然容不得鲁迅反对他们,当然要对鲁迅下手,鲁迅写文章要遇到多少挫折啊!”“从这句话中可以看出鲁迅是多么富有战斗精神啊!”教师这么一点,学生不但变“无言”为“有言”,而且言而明意、心明眼亮。

在语文阅读课堂的教学讨论中,经常出现学生因表达能力有限而词不达意的现象。学生理解了文本却一时难以找到恰当的词语表述,就是所谓的表达“晦点”。教师对此要及时予以帮助,进行启发性或纠正性的点拨,明晰“晦点”,从而引导学生精准表达。

第三节　品读:寻文本秘妙

《新课标》指出:阅读教学是学生、教师、文本之间对话的过程。什么是对话?教学中该怎么对话?阅读是学生的个性化行为,在教学实践中,引导学生品读文本,切忌死读,钻牛角尖。教材中的文本都是文质俱佳的作品,需要教师充分利用教材文本的语言,让学生感知、理解、想象文本。通过品味文本的语言文字,体会作者及其作品中的情感态度,培养学生热爱祖国、勤劳勇敢、诚实守信等良好品质。语言是文本最基础的组成部分。只有通过品读语言,才能更好地理解文本深层次的内涵。

钱梦龙说过:“努力在每篇课文中找到一两个合适的问题,一个情节或一个句子,甚至是一个词……作为阅读赏析的突破口,由此入手阅读,可带动阅读走向文本的深刻处。”①学生问题的聚焦往往在文章的重点句上,如果我们从重点句入手,找准切入点,就能更好地把握整篇文章的基调。

1. 拓发总述句,提纲挈领

每一篇文章都是由若干个自然段组成的,自然段的学习既是理解词句的学习,又是理解篇章的学习,在小学阅读教学中起着承前启后的作用。阅读自然段,就要理解每一句话的意思,还要想一想这段话主要讲什么,找到关键语句并概括出“谁(人)干什么”或“什么(物)怎么样”。

在课堂上,以总起句或总结句为切入点,将对这个句子的理解与课文思路和中心思想有机地糅合在一起组织教学,就可化繁为简,使课堂教学的主脉络清晰。以此层层深入,有利于学生在课堂上有条理地思考,帮助学生形成思维的系统性,直达教学目标。在教学统编版小学语文六年级下册阅读链接《詹天佑》时,我抓住总起句作了如下教学设计。

第一步,初读课文,找中心句,初感爱国情怀:詹天佑是我国杰出的爱国工程师。

第二步,品味语言,深入体会,感受爱国情怀:研读课文,找一找从哪些地方看出“詹天佑是我国杰出的爱国工程师”。通过交流詹天佑修筑京张铁路时面临的阻力和困难以及他是怎样克服这些困难和阻力的,体会他的“杰出”与“爱国”。

第三步,拓展延伸,读写结合,深感爱国情怀:詹天佑的爱国行为,我们看在眼里;詹天佑的爱国精神,我们记在心里。如果此时,我们正站在他的铜像前,你想对他说些什么呢?

第四步,找出能揭示文章中心思想的总起句,围绕“杰出的爱国工程师”研读课文。通过品读、感悟重点句子,达到“水到渠成”的效果。学生感受到

① 钱梦龙.钱梦龙经典课例品读[M].上海:华东师范大学出版社,2015.

了詹天佑的爱国主义精神，同时提升了思维，使其语言得到了内化。

2. 切入反复句，直奔主旨

在统编版小学语文教材中，存在着大量不同形式的反复内容。它们有的是同语反复，有的是相同句式反复，有的是表达方法反复。这些句子往往是作者情感的宣泄，是文章的主旨。如果能抓住这些多次出现的主题句作为切入点，进行整体阅读教学，就会在课堂上迸发出智慧的火花。如在教学统编版小学语文五年级下册《牧场之国》课文时，文章描绘了广袤静谧的牧场风光，语言优美、富有诗情。在写法上，文章展现了严谨的顺序美和层次美，反复提出主题句——这就是真正的荷兰，一咏三叹。我抓住文本中多次出现的主题句作了如下尝试，取得了较好的效果。

第一步，初读课文，畅谈荷兰印象，引出总起句：荷兰，是水之国，花之国，也是牧场之国。初步感受荷兰的异域风光特色。

第二步，默读课文，想一想课文中写了荷兰牧场的哪几幅画面，感受荷兰之静谧。

第三步，研读课文，结合主题句“这就是真正的荷兰”，体悟荷兰牧场之大、动物之多，动物之自由、悠闲以及荷兰之宁静。

第四步，感悟主题句表达的秘妙，学会仿写。

这个反复出现产生一咏三叹效果的主题句，学生也容易发现，但未必能读懂。以此为切入点，引领学生进行整体阅读，聚焦画面，让学生在感悟的基础上，感受动物的自由、悠闲以及荷兰的宁静。此外，再加以作者卡尔·恰佩克的习作背景，让学生明白，作者的家乡正饱受战争的侵扰，人们的生活不得安宁。他写下这样的文字，正是在表达对舒适、自由、悠闲、宁静生活的向往之情。

反复抒情是作者的有意为之，是增强情感的一种表达方式。在教学中，教师引导学生反复品读，能让学生在受到情感熏陶的同时，基于教师的点拨明白这种抒情方式的作用。此外，教师还可以设置一定的情境迁移训练，在学生的言语经验中建构这种抒情模式。让学生充分沉浸在这种浓郁的情感之中，能帮助他们积累丰富的言语经验。

3. 着手过渡句，循路入境

过渡句像桥梁一样具有承上启下的作用，既可以使行文自然、语气连贯、脉络清晰、结构严谨，也有助于表现文章的中心思想。因此，在阅读教学中，要让学生学习过渡句的使用方法，提高学生的阅读能力。以过渡句为切入点，既容易让学生弄清楚行文的结构编排，又容易启发学生对内容的深入思考；既理清了文章的条理，又抓住了文章的主要内容，真是一举两得。

统编版小学语文教材中有很多经典的过渡句的范例。教师要通过引导，帮助学生更好地认识和掌握过渡句的使用方法和使用时机，具体阐释如下。

由一件事转到另一件事时。如在统编版小学语文三年级下册《赵州桥》课文中，“这座桥不但坚固，而且美观”这一句就从写赵州桥的坚固转换到写赵州桥的美观，起到了承上启下的作用。

从一个时段变换到另一个时段时。如在统编版小学语文四年级上册《盘古开天地》课文中，用“盘古倒下以后，他的身体发生了巨大的变化……”作为过渡，引出了后面的故事，即盘古整个身体化成了万物，创造了美丽的世界。

情节需要变换时。如在统编版小学语文五年级上册《牛郎织女》课文中，“一天晚上，他走进草房……”就是情节变换时使用的过渡句，自然地引出了牛郎发现老牛的不一般。

在教学统编版小学语文四年级下册《白鹅》课文时，我抓住过渡句作了以下尝试。第一步，初读课文，找过渡句。通过读课文，让学生找文章中白鹅留给你的总体印象的句子（鹅的高傲，更表现在它的叫声、步态和吃相上），使学生初步了解文章主要描写的白鹅高傲的特点。

第二步，品读文本，感受高傲。通过品读有关描写白鹅的“姿态”“叫声”“步态”“吃相”的句子，理解相关重点词，让学生体会白鹅的高傲。

第三步，认识过渡句，体会作用。

第四步,整体回顾课文,体会作者的习作方法,与作者产生情感共鸣,从而提高阅读能力。

第四节　悟读:抒独特见解

叶圣陶说过:“教材无非是个例子,凭这个例子要使学生能够举一反三,练成阅读和作文的熟练技能。”①这句话一方面突出了教材的重要价值,另一方面也点明了以读促读、以读促写的重要意义。学生正处于学阅读、学表达的阶段,要利用好阅读教学这个载体,将其融入习作表达的学习,让学生在阅读中积累好的素材、学习好的表达方式、积累有效的习作策略,用好教材这个例子来学会表达、学会习作。

阅读是积累的过程,习作是厚积薄发的过程。因此,阅读对学生的习作表达而言是素材积累的绝佳材料。通过反复的品读,学生对文本的理解又深入了一步。此时,学生有了非说不可的欲望,教师要善于抓住学生的兴奋点,引导学生表达内心所想,写下自己独特的新见解。

1. 读到情不自禁处,让其尽情表达

《新课标》指出:要将文本阅读和自主探究结合起来,要为学生提供广阔的思考、表达、交流的空间。这就要求学生完成课文语言的内化与运用。如何进行有效的内化与运用?共情起到了关键作用。为此,教师可以凭借教材情境,创设语言转换的机会,让学生转变为文章中的某个角色(或人或物),根据自己对文章信息的处理,形成自我的思考,进而表达。这是学生与文本的对话,也是学生与作者在情感上的交流。

刘勰说:“观文者披文以入情。”②“情动”方能“辞发”。新的语文教学,应使学生在阅读作品的过程中,情不自禁地流露自己的思绪,诉说自己的情思,展露自己的智慧,展开与文本的心灵对话。

---

① 叶圣陶.叶圣陶语文教育论集[M].北京:教育科学出版社,2015.

② 刘勰.文心雕龙[M].王志彬,译注.北京:中华书局,2012.

例如在教学统编版小学语文五年级上册《慈母情深》课文时，学生在重点学习描写母亲的两个片段后，我发现他们完全进入了角色，于是在情深处我安排了一次练笔。

师（出示：我鼻子一酸，攥着钱跑了出去……）：一站一坐，如此简单的动作，可我看了却再也忍不住了。

师：此时，我内心一定感慨万千，作者用了一个“……”，你能把他省略的心理活动写出来吗？

生：原来母亲是那样辛苦，每天早出晚归，不辞辛劳地工作着。在这么恶劣的环境下，母亲没有半点怨言，而我却要一元五角钱买书看。要知道这手中的钱是多么来之不易，我太不应该了。

生：母亲为了供我吃、穿、上学，不顾自己的劳累，我却向母亲要钱买闲书，我太任性了……

“文章不是无情物”，入选课本的文章，有的隽永含蓄、有的激情澎湃、有的发人深省、有的让人惊叹……此时，学生内心表达的真情，正是他个体成长的表现。

2. 读到语言矛盾处，让其互动思辨

语文核心素养关注思维的发展与提升。在语文阅读教学中，我们要树立思辨意识，让思辨点亮课堂。思辨性阅读可以让学生的思维处于思辨的理性状态之中，自觉地进行分析与论证、权衡与判断。教师可以充分挖掘教材资源，抓住文本语言的矛盾之处，巧妙设计练笔，精心引领，在互动的思辨探究中，激活思辨火花、提高思辨能力、厚植思辨素养。

如在统编版小学语文六年级上册《穷人》课文中，有一段特别精彩的人物心理描写——她忐忑不安地想：“他会说什么呢？这是闹着玩的吗？自己的五个孩子已经够他受的了……是他来啦？……不，还没来！……为什么把他们抱过来啊？……他会揍我的！那也活该，我自作自受……嗯，揍我一顿也好！”

在教学中，我先引导学生观察、发现这段心理描写的特别之处（问号、省略号特别多)，然后让学生在朗读中感受桑娜的矛盾心理。这种矛盾心理，正是通过文本语言的矛盾凸显出来的。我抓住矛盾点，安排了以下训练。

桑娜把西蒙的孩子抱回了家，放在自己的床上。她的内心忐忑不安。一个桑娜说：

“他一定会怪我的，____。”

另一个桑娜说：“不，他也是一个善良的人，________________________。”

一个桑娜说：“把孩子抱过来就意味着________________________________。”

另一个桑娜说：“如果我不把孩子抱来，____________________________。”

学生找到思维的突破口，思如涌泉，补充了以下人物心理描写内容。

一个桑娜说：“他一定会怪我的，家里的五个孩子都快养不活了，现在又抱回两个孩子，这日子可怎么过？我真应该先与他商量一下，等他同意了再抱回来。这样先斩后奏、不顾后果地抱回来，他肯定会生气的，这该如何是好呢？”

另一个桑娜说：“不，他也是一个善良的人，他平时总说，别人有什么困难，帮一把就过去了。他也常常把自己打来的鱼分给邻居，尽管我们自己也吃不饱。我相信，他会支持我这样做的。”

一个桑娜说：“把孩子抱过来就意味着他要花比以往更多的时间去打鱼，风险将会更大；意味着我们每个人都将更加吃不饱，或许，我们很有可能会全家都饿死……”

另一个桑娜说：“如果我不把孩子抱来，孩子肯定会饿死、冻死。天哪，那是两条鲜活的生命，我做不到不管不顾，我相信他一定也不会忍心看着两个孩子就这样被冻死、饿死的。再大的困难只要我们一起面对，一定都会过去的，一切都会好起来的。”

通过安排两个不同的桑娜进行发声，恰如其分地表达了人物的真情实感。桑娜一家生活的艰难，以及桑娜夫妇内心的善良、淳朴、坚强，溢于言表。

在统编版小学语文教材中不乏这样的经典名作。它们往往在语言形式或语言内涵方面，形成了语言表达上的矛盾。抓住这些文本语言的矛盾处进行练笔，在练笔与交流中，引导学生思辨，展开学习的过程，顺学而导，就能有效打开学生的思维，促使学生思考，激活学生表达的欲望，让学生对文本的理解由表及里、由浅入深，真正达到深度学习。

3. 读到疏可走马处，让其拓展延伸

字词句段组成了文本，文本的语言彼此之间互相联系。每个字、每个词背后都藏着语言的情感。在引导学生学习语言的过程中，我们不能孤立地品读，而要引导学生用心体会每个字、每个词、每个句子的内涵，体会作者用词的匠心独运。在抓住词语、展开练笔、体味语言的同时，也促使学生展开思维。

在学习统编版小学语文六年级上册《我的伯父鲁迅先生》课文时，有一位教师很善于挖掘文本的细微之处，抓住"饱经风霜"一词，展开了如下教学。

师：这个车夫才三十多岁。文中却用"饱经风霜"一词来形容他。请你展开想象，这"饱经风霜"的脸该是一张什么样的脸？拿起笔写一写。通过你的具体描写，让你的语言中不含"饱经风霜"这四个字，却能处处让我们感受到他的"饱经风霜"。

生：这个车夫虽然才三十多岁，但他的脸已经布满皱纹，一双眼睛深陷眼窝之中，没有一点精神。加上穿了一身打满布丁的衣服，显得更加苍老。

生：这个车夫穿着件破布褂，光着脚，头上虽然有一顶帽子，但依然遮不住他乱蓬蓬的头发。脸上满是皱纹，嘴唇苍白，耳朵冻得通红。一双像树皮一样的手拉着车来回走了很多路。才三十多岁的人，看起来却像五十多岁。

我们的语文阅读教学，只有充分激活原本凝固的语言文字，才能使其变成生命的涌动。激活原本凝固的语言文字，意味着认同之后的超越，意味着尊重之后的创新。此处，通过语言训练这一媒介巧妙地进行"转嫁"，达到情与训的"双赢"。文本中的一些细微之处，若能用心地去发掘，也能听到学生独特的见解。

同样地，在学习统编版小学语文五年级上册《"精彩极了"和"糟糕透了"》课文时,学生对父亲的态度非常不能理解。我就抓住学生的疑惑,根据文本的内容,抓住巴迪前后两次不同的心理变化进行感同身受的体验。第一次,巴迪迫不及待地想把自己的处女诗作拿给父亲欣赏,希望能够得到父亲的夸奖。但事与愿违,父亲说这是一首糟糕透了的诗,这对巴迪来说,是一个不小的打击。课文中写道:"我再也受不了了。我冲出饭厅,跑进自己的房间,扑到床上失声痛哭起来。"此处,我安排了一次练笔:面对今天这件事,面对这样的父亲,巴迪会怎么想?请以日记的形式写下想法。第二次,几年后,巴迪长大了,成了一名真正的作家,他在成长历程中逐渐懂得了父亲的爱。文章的最后写道:"我从心底里知道,'精彩极了'也好,'糟糕透了'也好,这两个极端的断言有一个共同的出发点——爱。"当学生理解了课文,把握了作者的情感时,我又进行了拓展:巴迪成了一名了不起的作家,当有一天他翻开小时候写的那篇日记的时候,他又会怎么想?拿起笔在刚才的日记下面继续写。

这样两次的读写融合,把文章的前后内容很好地贯穿了起来,使得文章的内涵得到了拓展。让学生在理解和感悟文本的同时,借助生活经验,感同身受,从而帮助学生更好地体验情感,促使学生对文章蕴意的反思和语言的内化。

文章像书法,有时密不透风,有时又疏可走马。在阅读教学中,教师就应该用好这些疏可走马之处,引导学生填补延伸,着力挖掘言外之意,对文本进行有效的诠释。慢语文理念下的阅读可以品味到阅读中的快乐和雅趣,仔细阅读、斟字品味,走近作者、走进文章,收获更多的文本信息,体会更深刻的文字内涵。

小学语文的阅读课堂应该是灵动、活泼且摇曳生姿的,而这恰恰离不开慢语文的助力,离不开慢语文的浸润。所谓的慢语文并非阅读速度的延缓,而是指语文阅读教学模式的创新。这样的语文阅读课堂应该是充满诗情画意的,应该在实践中体验文本的情感,在体验中演绎文本的内涵,开阔学生的思维视野,进而培养学生的语文学习力。

如果离开“慢”的浸润，语文课堂将进入“急功近利”的误区，阅读也就变成了“速读”“快餐式”阅读。在课堂上，师生之间的对话将逐渐失去灵性，学生语文学习力的提高也将成为一句空谈。因此，语文教师要善于放慢速度，善于通过“细读、深读、品读、悟读”的慢阅读模式，引导学生用自己的心灵解读文本，在悠然自得中收获阅读教学的花香。由此，提升的不仅仅是学生的语文学习力，还有学生对语文学科更为深刻的理解，将助力学生在后续的语文学习中越走越远。

第五章

慢语文理念下的习作教学策略

叶圣陶说过："作文的自然顺序应该是我认识事物，心中有感，感情的波澜冲击着我，我有说话的愿望，便想倾吐，于是文章就诞生了。"[①]习作是学生生活的抒写，是学生内心情感的表白。《新课标》指出，学生懂得习作是为了自我表达和与人交流。能借助不同媒介表达自己的见闻和感受，学习发现美、表现美和创造美，形成健康的审美情趣。[②] 因此，在习作教学中，我们应引导学生将习作视为表达和与人交流的工具，以及日常生活的需要。只有激活学生持续表达的需求，学生才会主动地、积极地用书面语言表达自己的见闻、体验和想法，在习作中发现乐趣、发现自我。

1. 慢热，于无声处激活需求

习作教学要真正地贴近学生的真实需求，引导学生关注日常，留心观察周围的人、事、物。通过与交流对象自由倾诉或者描述事物等方式，激发其表达欲望和表达需求，从而有效地满足学生自身的表达需求，化"无话想说"为"侃侃而谈"，进一步激发学生的习作需求，拓宽其习作思路。

2. 慢热，循序渐进中持续表达

语文教学中的情感体验是慢的艺术，学生语文知识的掌握、语文能力的

---

① 叶圣陶. 叶圣陶语文教育论集[M]. 北京：教育科学出版社，2015.

② 中华人民共和国教育部. 义务教育语文课程标准(2022 年版)[M]. 北京：北京师范大学出版社，2022.

提高、语文素养的形成必须经历一个长期的、渐进的、缓慢的过程。不追求量的突破，只在乎扎扎实实；摒弃一步到位，立足教材落实要素，在循序渐进中追求习作的“可持续发展”。

3. 慢热，不知不觉间热爱习作

作文的根本方向就是为交际需要而作的表达。只有激活学生表达的需求，学生才会自主发现表达内容，思考表达方法，抒发真情实感。立足学生的表达需求，习作不再是“被动布置”，而是“主动交流”，让其在丰富的语文实践中感受习作的乐趣，热爱习作，养成习惯，让文字记录变成自我的精神需求，在不断的满足中收获快乐。

第一节 慢热：激活持续表达需求

一、捕捉“需求”，提高习作表达的兴趣

捕捉人际交往中的需求，勾连应用所学，让学生有想写的冲动，发自内心地习作，在表达中感受交往的乐趣。

1. 在人际交往中捕捉“表达乐趣”

习作作为自我表达和与人交流的工具，应融入日常的人际交往之中。教师应引导学生在交往中产生表达需求，鼓励其倾诉与表达。因疫情影响，居家学习的学生有许多话想与同学倾诉，想要询问同学的近况。让其将想说的话语化为文字以书信形式寄给对方，互诉思念，从而将统编版小学语文四年级上册习作《写信》转化为真实的交际工具。以读后感的形式与同学交流课外阅读的独特感悟，分享阅读带来的体验，从而将统编版小学语文五年级下册习作《写读后感》转变为交流阅读体验的载体。运用倡议书发起倡议，为校园建设出一份力，从而将统编版小学语文六年级上册习作《学写倡议书》实际运用于生活之中。

2. 在实践活动中捕捉"真实情感"

语文的外延即生活。丰富多彩的实践活动是促进学生持续表达的重要因素。将作文表达回归到有趣好玩的活动之中,让学生在多样活动的参与中走进生活、感受生活,从而产生"我要写"的表达欲望。运用文字解决活动中的实际问题,运用文字记录活动过程,表达独特的内心感受。让学生走出教室、走进生活、走进自然、亲身体验,记录自己的所见所闻所感,不追求篇章的构建、不追求语言的优美、不拘泥于习作形式,只言片语也可,图文并茂也可。

为了更好地在实践活动中记录真情实感,实践活动看似无意,实则需要教师事先规划。活动所涉及的知识、技能要与学生的习作水平同步,可采用体验活动—小组交流—感受讨论—形成文字等环节,加深活动体验,深化活动感受。跳蚤市场的售卖、"六一"儿童节的游戏体验、春秋游的群体活动、课本剧、朗诵比赛、运动会等丰富多彩的活动为习作提供素材,不拘形式的习作方式让习作自然而发,丰富了学生的情感和体验,唤起他们的表达需求。

3. 在日常观察中捕捉"鲜活情趣"

统编版小学语文教材的习作单元按照学生认知发展规律,从三到六年级每个单元聚焦习作能力培养的一个点,进行单元强化练习。观察处于习作单元的首位,具有重要的起始作用。观察是对外部世界发现、认识、理解的过程。观察能力的培养是学生进行习作的前提,习作是外化的表达,是将学生观察到的内容记录下来的过程(见表1)。

表1　习作单元内容安排

年级	册别	习作要素	内容要求	
			习作例文	习作
三年级	上册	仔细观察。	《我家的小狗》 《我爱故乡的杨梅》	《我们眼中的缤纷世界》
	下册	大胆想象。	《一支铅笔的梦想》 《尾巴它有一只猫》	《奇妙的想象》

续表

年级	册别	习作要素	内容要求	
			习作例文	习作
四年级	上册	把一件事写清楚。	《我家的杏熟了》 《小木船》	《生活万花筒》
	下册	按浏览顺序写。	《颐和园》 《七月的天山》	《游________》
五年级	上册	说明的方法。	《鲸》 《风向袋的制作》	《介绍一种事物》
	下册	人物描写的方法。	《我的朋友容容》 《小守门员和他的观众们》	《形形色色的人》
六年级	上册	围绕中心意思写。	《爸爸的计划》	《围绕中心意思写》
	下册	表达真情实感。	《别了,语文课》 《阳光的两种用法》	《让真情自然流露》

(1)全方位调动感官,提高观察能力

观察须调动多种感官,去看、听、闻、尝、摸,从而全面、深入地了解事物。引导学生感受自然之美,观察动植物生长,以《观察日记》记录动植物生长的变化与自己的发现,以《我的植物朋友》《我的动物朋友》记录观察过程。在游览中,欣赏田园风光、风景名胜;在观察中体验,以便习作时自由地倾吐自己的感受,为《这儿真美》《____即景》提供素材。培养学生感受生活的美,留意身边的人和事。如统编版小学语文三年级上册习作《猜猜他是谁》和《我们眼中的缤纷世界》,旨在观察身边的同学、发现生活中的美,引导学生在平凡的生活中挖掘美,善于观察、乐于发现、学会评价(见表2)。

表 2　观察能力在统编版小学语文教材中的培养体现

年级	册别	习作	观察能力训练
三年级	上册	《猜猜他是谁》	选择一个同学,观察他的外貌,了解他的爱好等,用几句话或一段话写一写他,让别人猜猜写的是谁?
	上册	《我们眼中的缤纷世界》	用各种感官观察身边的事物,把自己的新发现写下来。
	上册	《这儿真美》	观察身边的美景,围绕一个意思把这个地方有什么,是什么样子的写清楚。
	下册	《我的植物朋友》	用各种感官观察一种植物,做好记录卡,借助记录卡把观察和感受写清楚。
	下册	《看图画,写一写》	观察图画,写清楚自己看到的、想到的。
	下册	《我做了一项小实验》	边做实验边仔细观察,用"先……接着……然后……最后……"的句式写清楚实验的过程,还可以写写实验的心情和有趣的发现。
四年级	上册	《写观察日记》	连续观察,记录观察对象的变化,写清楚观察的过程,还可以加入观察时的想法和心情。
	下册	《我的动物朋友》	能借助一定的情境,从几个方面把动物朋友的特点介绍清楚。
	下册	《游______》	通过画游览图,按照一定的游览顺序,把游览的过程写清楚,注意把印象深刻的景物重点写。
五年级	上册	《介绍一种事物》	细致观察一种事物,并收集相关资料。用恰当的说明方法,从事物的不同方面写清楚事物的主要特点。
	上册	《______即景》	细致观察一种自然现象或一处自然景观,按一定顺序描写景物,写出景物的动态变化。
	下册	《漫画的启示》	仔细观察漫画,写清楚漫画的内容,并联系生活中的人或事,思考漫画的含义,写出自己的思考。
六年级	上册	《多彩的活动》	选择一次活动,认真观察活动中人物的表现,用点面结合的方法,把活动的场面和人物的表现写具体,注意印象深刻的部分重点写。

(2)养成观察习惯,捕捉“鲜活情趣”

好的观察是主体有目的、有计划地感知事物。在此过程中,既可获取直接经验作为习作材料,又可验证习作知识。良好观察习惯的养成,能够帮助学生提高作文学习的效率,促进深度学习的发生。统编版小学语文四年级上册习作《写观察日记》,引导学生多角度记录观察对象的变化,写写观察的过程,以及当时的想法和心情。例如,《豆苗日记》记录了绿豆发芽生长的过程,《月亮图》描绘了月圆月缺,《小猫成长记》记录了小作者家里小猫长大的过程。学生由此养成观察的习惯,在观察中发现其中的情趣,并运用语言文字抒发情趣。

二、激活“需求”,创设持续表达的平台

在习作教学中,学生往往因为缺乏表达的动机和平台而无从下笔,对习作缺乏兴趣。因此,教师需要从学生的心理需求出发,为他们搭建一个能够激发其内在表达欲望的平台,让学生在愉悦的氛围中主动参与习作活动。基于这样的思考,我们可以从以下三个方面入手。

1. 创设情境,潜入内心世界

为了能够拉近学生与习作之间的距离,激活学生的表达需求,教师可以积极创设相应的情境,为学生提供观察的条件、场景、具体事物,将学生代入情境之中,激发学生的情感,提高学生对事物的认识能力,从而形成习作表象,产生表达需要。

(1)链接真实情境,表达真实感受

习作应尊重学生的表达需求,在真实情境中激活习作需求。如,统编版小学语文三年级上册习作《猜猜他是谁》一开始就提出做一个“猜猜他是谁”的游戏,选择一个同学,用几句话或一段话写一写他。要求是不能在文中出现他的名字,但是要让别人读了你写的文字,能猜出你写的是谁。其旨在引导学生在游戏中获得真切的体验,激起表达的欲望。

(2)创设虚拟情境,发挥多样想象

统编版小学语文教材除习作单元提出的 8 项习作任务外,阅读单元中的习作板块是统编版小学语文教材习作部分真正的主体,共包括 54 项习作任务。其中,有虚构想象类作文,如想象无限的《我来编童话》《我和____过一天》《我的奇思妙想》《故事新编》《变形记》;有基于科学原理的幻想,如《这样想象真有趣》《插上科学的翅膀飞》;此外,还有基于生活经验的虚构故事,如《笔尖流出的故事》。学生的想象并不是凭空的,得有一个形象的表象作为依托,而这个形象的表象正是建立在学生已有知识经验、生活经验的积累之上,需要教师去挖掘。《神奇的探险之旅》创设"俱乐部探险"的大情境,通过"困境""求生"两个场景引导学生发挥想象,将探险之旅写得具体惊险。

2. 任务驱动,落实习作目标

《新课标》指出:设计语文学习任务,要围绕特定的学习主题,确定具有内在逻辑关联的语文实践活动。统编版小学语文教材以单元展开教学,每个单元的导语中明确了本单元的训练要素。无论习作单元中的习作抑或普通单元中的习作都可以任务驱动,在活动推进的过程中设置多个充满吸引力、学生感兴趣的任务,让学生在真实情境中全情投入,在探究的过程中产生"想开去"的能力,激发"写出来"的动力。如,统编版小学语文四年级上册习作《我和____过一天》通过准备邀请信(甄选同行人物及其特点)、研制旅行攻略(规划一天的行程)、撰写随行笔记(记录奇特经历)、评选优秀案例(多元评价、互动评改)等一系列任务引导学生展开想象,从而写出一个故事。

3. 拓展阅读,补白感悟文本

阅读的本质就是对话、沟通、交流,有效的阅读能够为习作提供进步的阶梯。阅读教材文本、课外阅读材料中具有代表性的文章,可以激发同类习作的兴趣。以读促写,引起学生对课文内容、表达方式、特殊句式等习作特点的重视,帮助学生建构书面语言模型,迁移运用,激发习作兴趣。如,统编版小学语文五年级上册课文《猎人海力布》中的"小练笔"板块要求学生"根据课文内容，给那块叫‘海力布’的石头写一段话，简要介绍它的来历”。其实，这是一次缩写练习。读写交融，关注作者和读者间的交流对话，在语言浸润中有感而发，补白文本，续写作者内心。如在统编版小学语文四年级上册课文《一只窝囊的大老虎》的课后习题中，写一写自己类似作者上台后的尴尬经历，在文本启发中唤起书写意识。

阅读古今中外名著和符合年龄特点的课外读物，在阅读中超越真实的世界，经历不一样的故事，从而产生丰沛的情感。学生在阅读的过程中，不仅阅读能力得到了很大的提升，而且由于激发起了习作兴趣，作文水平也得到了很大的提升。中外神话故事的阅读，为之后的想象习作《我和____过一天》提供了情绪价值和习作素材；童话故事的阅读，引导学生感受童话丰富的想象表达，激发学生编童话、写童话的兴趣。

三、回应“需求”，激发持续表达的热情

在习作教学中，学生不仅需要表达的平台，还需要在表达之后获得积极的反馈和回应。这种回应不仅是对学生习作成果的认可，也是对学生表达欲望的进一步激励。只有当学生感受到自己的努力被看见、被欣赏时，他们才会真正投入习作，并持续保持热情。基于此，我们可以从以下两个方面入手。

1. 读者回应，在真实对话中延伸表达

作为作者，都渴望自己的作品能得到读者的接纳。当学生发现自己的习作得到越来越多人的欣赏、自己的想法得到越来越多人的认可时，他们会发现自己言语表现与存在的价值，从而激发其持续表达的热情。

(1)提供展示机会，在分享中坚定信心

自信是语言表达交流的基础，教师应积极培养学生的自信心。随堂交流精彩片段、进步之处，让学生体会被认可的滋味。“班级周报”多层次、多角度地展现学生的习作，可以是学生的单元习作，也可以是学生的随笔，不拘题材，让学生在分享中见证自己的进步。此外，还可以鼓励学生多渠道投

稿,在稿件一次次被录用的过程中坚定学生习作的信心。

(2)与读者真实对话,在交流中延伸表达

只有多为学生提供展示的机会,才能促进学生与读者的交流。因此,习作的读后点评也很重要。让读者与作者展开真实的对话,可赞美其优秀之处,亦可提出疑问,更可提出改进方法。在交流中优化表达,在交流中茅塞顿开。在统编版小学语文五年级上册习作《介绍一种事物》中,关注说明文这一文体,从“编者语”“读者说”两个方面促进两者对话,在交流、修改习作中落实说清楚事物这一要素。分享习作成果、与读者对话,既能促进经验交流、深化理解认识、体现合作学习的优势,也会让学生感受到习作的快乐。

2. 积极评价,在反思收获中激发热情

学习动机是引发与维持学生学习,并使之指向一定学习目标的内部动力,是激励和指引学生学习必不可少的内在条件。作文的评价要符合学生的心理特点,满足学生的心理需要,增强学生的自尊心和自信心,让学生感受习作的乐趣,从而乐于表达、善于表达,获得习作的成就感。

(1)创新评价,采用多样评价方式

改变单一教师批改模式,学会倾听,在师生互动中解决难点,启发修改。增加同伴评价,加强学生间的活动交流。通过学生自主修改、伙伴互评修改、全班评讲等方式,激发学生的自主意识,使学生在评价中得到更多关注、更多建议,增强他们习作的自信心。

(2)关注过程,在优化中激发热情

习作并非一蹴而就,而是在评改中不断优化。在交流后,引导学生正确运用修改符号修改作文,在修改中优化自己的习作。在整个评改过程中,学生看到自己的进步,明确今后努力的方向,在优化中激发习作热情。

激活学生语言表达的需求,需要教师引导学生在循环往复、逐步推进的读与写的成功体验中,体会自身言语生命存在的价值。淡化习作痕迹,在浸润启发中激活需求,化“要我写”为“我要写”。

第二节　慢思:让语言与思维同构

《新课标》指出,语言是重要的交际工具和思维工具,语言发展的过程也是思维发展的过程。而习作的本质是将思考过程与语言表达相互转换的过程。就习作教学而言,思维与语言相辅相成,同为一体。思维是内核,包含文章的内容主旨、情感态度、立意,决定了文章的行文逻辑与思路,是文章深刻性和创新性所在。而语言则是文章内容与思维的载体,它是文章思维的外显,决定了文章能否准确呈现所要表达的内容与思维,也决定了文章的严谨与文采。

基于慢语文的教学理念,我们在习作教学中将思维能力的培养融入习作教学的目标,引导学生经历完整的习作过程,借助支架把思维活动的内部语言转化为表情达意的外部语言,使学生在习作中将语言与思维交织在一起,同频共振。

一、学习思维理论,将习作目标与思维相融

《新课标》将思维能力放在核心素养的关键维度。习作教学不仅关注学生语言文字运用能力的培养,还将学生思维能力的提升作为教学的重心。教师应学习思维理论,从学生思维方式和思维品质的养成两个角度设计教学目标,引导学生在习作中提高思维能力。

1. 从思维方式的角度设计教学目标

习作教学目标的设计关注学生习作的全过程,在教学中融入联想想象、分析比较、归纳判断等方式,在语言表达中关注思维能力的培养。创设情境联想经历记事、发挥想象创编故事、分析素材应用、习作评改中分析比较等,从思维方式的角度设计、优化习作的教学目标。

统编版小学语文四年级下册习作《故事新编》的教学目标如下。第一,借助四宫格,发现《龟兔赛跑》等老故事在整体构思上的特点,并根据发现的

特点构思新故事。第二,借助情节构思图,根据故事结局展开丰富的想象,新编故事情节。第三,借助问题支架把情节写清楚,乐于与同学分享故事。从以上教学目标中可知,通过多样支架,在习作中关注思维发展。搭建情境支架,激发学生习作的兴趣点;依托四宫格,引导学生发现老故事的构思秘诀;借助情节构思图,引导学生根据结局展开丰富的想象;搭建问题支架,引导学生将情节写清楚。在发现、构思、练写中充分发挥学生的想象力与思维能力。

2. 从思维品质的角度设计教学目标

学生的思维具有一定的敏捷性、灵活性、深刻性、独创性、批判性。此外,学生还拥有好奇心、求知欲,崇尚真知,勇于探索创新。在习作教学的过程中,要关注学生思维的整体性,指导学生注重理清习作思路,强调从读者的角度关注细节的选择,重视内心体验的发掘,合理选择、运用阅读中学到的表达方法,使思维的发展与习作目标的达成相辅相成,让良好的思维发展成为学生语言表达能力的重要基石。习作教学目标的制定不应只关注单篇习作的达成,还在于激发、培养学生良好的思维品质。

二、搭建思维支架,让语言表达与思维同频

习作就是学生运用语言文字进行表达和交流。只有思维清楚了,才能写出逻辑层次清楚、中心明确、表达得体的作文,顺利实现表达和交流的目标。提高学生的语言表达能力,最根本、最长效的做法在于重视习作思维的培养和提升。在习作的过程中,可搭建多种思维支架,让思维可视。在立意选材中,培养创造思维;在构思谋篇中,发展逻辑思维;在语言表达中,发展形象思维;在评价修改中,培养辩证思维。思维支架可以是文字、图画、框架结构图、流程图等,具有引导、定向和归纳的作用。

1. 在立意选材中,培养创造思维

不知道"为什么写"和"写什么"是学生在习作时难以下笔的原因,导致学生产生对习作的畏难情绪。学生可通过审题找出习作关键,将其作为思

维支架的中心点，由此发散思维，建立立体的思维结构；确定习作的立意，并据此选择习作素材。学生可将想到的、积累的和课堂上互相交流的素材以分支的形式呈现在思维导图中，再围绕之前定下的立意展开思考。通过对素材的梳理、筛选，确定本次习作所要使用的素材。在这一过程中，学生往往能开拓思路，挖掘大量习作素材，甚至产生新颖的、彰显个性的想法。

在统编版小学语文四年级上册习作《我的心儿怦怦跳》中，我先让学生围绕习作题目发散、回顾让自己“心儿怦怦跳”的经历，在交流中发现“惊喜、感动、害怕、紧张”等多种情绪都会使自己心跳加快。在此基础上，学生经过进一步的梳理、选择之后，筛选出了本次习作所要使用的素材。在统编版小学语文三年级下册习作《奇妙的想象》中，学生可以从习作题目“手罢工啦”这个角度出发，想象会遇到的问题，创造属于自己的想象世界。这一发散性思维支架，有助于学生回顾经历，激发其创造性思维。

多视角的立意、多素材的选择，源自学生丰富的思维创造。重视学生创造性思维的培养，可以从根源上提升学生语言表达的深刻性与独创性。

2. 在构思谋篇中，发展逻辑思维

小学阶段习作教学的要求是“能写简单的纪实作文和想象作文，内容具体，感情真实。学写读书笔记，学写常见应用文”。统编版小学语文教材一共设置了 62 次专题式(习作单元和单元习作)习作训练，学生在循序渐进的习作训练中提高了习作能力。纪实作文包括写景、写人、叙事、状物等；想象作文包括对现实世界和对未来生活的拟真想象，以及对虚幻故事的大胆构想；应用文则包括日记、书信、寻物启事、通知、倡议书等。教师应根据不同的文体，指导学生借助思维支架设计文章的框架结构、习作顺序、详略安排等。

(1)纪实作文关注思维的条理性

思维导图是将思维可视化的工具，它往往围绕一个中心，运用图画和文字建立记忆链接，将思维进行发散。

写景作文强调习作的顺序，习作时可按照时间、空间、方位等顺序围绕某处景观进行描写,也可按照从整体到局部的顺序进行描写。在统编版小学语文四年级下册《记金华的双龙洞》课文中,可根据作者的习作思路理清游览路线图:路上—洞口—外洞—空隙—内洞—出洞。在此基础上,本单元的习作是《游________》。学生在习作前画出游览路线图,帮助自己理清思路。

在写人作文中,可以借助中心图绘制人物的重要外形特点,中心图的分支主要描绘人物的性格特点和典型事例。在统编版小学语文三年级下册习作《身边那些有特点的人》中,在确定人物特点后,可借助表格选择多件事或单件事来表现人物特点。在统编版小学语文四年级上册习作《小小"动物园"》中,可引导学生思考家人与哪些动物相像,完成自己家的"动物名片"。

叙事作文要把事情的起因、经过、结果描述清楚。想要把事情写清楚,就要把习作顺序安排好,同时还要注意详略安排和事情发展过程中人物的心理变化。在统编版小学语文四年级上册习作《生活万花筒》中,学生通过对习作例文的学习总结出了把事情写清楚的方法。此外,例文还提供了一张事件表格,让学生梳理事件及其起因、经过和结果,以及两个帮助学生明确"写什么"和"怎么写"的支架。在统编版小学语文四年级上册习作《我的心儿怦怦跳》中,学生选取一件令自己心儿怦怦跳的事,通过构建"心电图"等方法把事情经过说清楚,聚焦心跳最剧烈的时刻,学习从"内心想法""身体反应"等不同角度,借助课文提供的和自己积累的词语把心儿怦怦跳的感受写清楚。统编版小学语文六年级上册习作《我的拿手好戏》为学生提供了一个"三招挑西瓜"的思维导图,学生可以模仿这一思维导图对自己的习作内容进行整理和布局。

状物作文须观察事物等特点,运用思维支架选择其特点,从几个方面进行介绍。统编版小学语文四年级下册习作《我的动物朋友》通过图例启发学生从外形、爱好、趣事等角度对自己的动物朋友进行介绍。统编版小学语文五年级第五单元为科普性说明文,具有知识性强、结构严谨、逻辑严密,一段介绍一个事物等特点。统编版小学语文五年级上册习作《我的心爱之物》从来历、成为心爱之物的原因等角度写出作者的喜爱之情。

(2)想象作文关注思维的形象性

统编版小学语文教材在第二、三学段中的每一学期都安排了想象作文练习。想象作文练习既包括对现实世界和对未来生活的拟真想象,也包括对虚幻故事的大胆构想。前者在于训练学生从生活实际出发,进行符合真实世界情况的想象;后者在于培养学生天马行空的想象力。这样的训练安排可以从不同角度(即实与虚)对学生的想象力进行训练,是一种体系化、系统化的训练模式,有助于培养和发展学生的习作想象思维与创造性思维。

对现实世界和对未来生活的拟真想象,可联系现实生活中事物的特点,构建思维导图。例如,在统编版小学语文五年级上册习作《二十年后的家乡》中,学生从现实出发,大胆想象二十年后家乡的巨变,并参考习作例文,将想象到的场景或事件进行梳理,列出习作提纲,明确自己要写什么,以及从哪些方面写。

虚幻故事的大胆构想,除了发挥想象外,在构思时还须考虑想象的合理性。在统编版小学语文三年下册习作《这样想象真有趣》中,学生可借助思维导图选择感兴趣的动物,对其特点发挥想象,构思奇遇。在统编版小学语文四年级下册习作《故事新编》中,学生可借助情节构思图,根据故事结局展开丰富的想象,新编故事情节。

想象作文的构思谋篇旨在激发学生更大的想象力,让想象变形象,为想象作文的清楚表达打下基础。

(3)读书笔记关注思维的逻辑性

读书笔记是培养学生深度阅读能力和思维整理能力的重要方式,各学段都安排了读书笔记的习作训练,具体形式包括写读后感、做读书摘抄、绘制思维导图等。这类习作形式能够帮助学生深入理解文本内容,提升思维的深度与广度。读书笔记的核心在于引导学生通过对阅读内容的整理和思考,将零散的信息转化为有条理的知识体系,从而培养学生思维的逻辑性和条理性。可利用推荐卡,帮助学生梳理阅读思路和提炼关键信息,再要求学生结合推荐卡的内容绘制思维导图等。通过分步完成任务,学生能够清晰地呈现自己的阅读收获,实现思维的可视化。

(4)应用文关注思维的严谨性

针对应用文这一体裁,每一学段都安排了一定数量的应用文习作训练,具体有写日记、写书信、写寻物启事、写通知、写倡议书等。这类应用文的实用性强,习作难度不大。应用文习作在于训练学生根据学习和生活的实际需要,进行准确、恰当的表达,是在交际语境下进行的习作安排,其思维支架须考虑严谨性。在统编版小学语文五年级上册习作《推荐一本书》中,借助"推荐卡"这一思维支架为学生提供梳理习作思路和把重点理由写具体的方法指导,并分项完成任务,从而实现思维的可视。

3. 在语言表达中,增强形象思维

形象思维是建立在事物直观表象上的特殊思维方式。第二、三学段学生的思维发展仍处于具体形象思维与抽象逻辑思维的过渡阶段,且以具体形象思维为主。在绘制思维导图的过程中,学生需要在感受较深的地方加以标注,在相应的关键词旁边用鲜明的图像或者简短的文字加以说明,并补充相应的修辞手法、说明方法或者优美词句。习作手法的使用会使整篇文章有血有肉,不再空洞。

在统编版小学语文四年级下册习作《故事新编》中,学生可借助"遇到什么情况、怎么想、怎么做、结果怎样"等问题支架,根据完成的情节构思图,想一想如何将新情节写清楚。而在统编版小学语文五年级上册习作《介绍一种事物》中,在根据事物特点收集信息完成思维支架后,学生可选择合适的说明方法在旁批注,让思维支架的作用从"写什么"向"怎么写"过渡。

4. 在评价修改中,培养辩证思维

对于习作来说,思维辩证性的重点表现在对不同表达方法、表达技巧的不同表达功能的判断,从而能够选择合适的方法、技巧来实现自己的表达意图。在思维导图绘制完成后,教师引导学生纵观思维支架的结构脉络并思考:习作立意是否紧扣主题,结构是否合理,条理是否清晰等。小组间可以相互修改，再次补充自己的思维支架。

习作评改的过程其实是针对习作进行自我反省、自我提高的过程。习作评改应在思维支架的基础上进行，力求达到“教学评”的一致。在统编版小学语文三年级下册习作《我做了一项小实验》中，学生依据实验记录表这一思维支架完成习作后，教师须设计一张与之相匹配的习作评价单，关注习作是否将实验目的、过程、结果等写清楚，从而建立教的内容、写的要求、评的标准之间的内在联系。学生可对照评价标准对自己的习作进行评改，在完善语言表达的同时，发展辩证思维。

从交际功能来看，习作就是学生运用语言文字进行表达和交流。语言的准确依赖于思维的明晰，习作教学应重视学生习作思维的培养与提升，在习作中追求语言与思维的同步发展。

第三节 慢写：生成内在语言规则

语言运用是指学生在丰富的语文实践中，通过主动地积累、梳理和整合，初步具有良好的语感，了解国家通用语言文字的特点和运用规律，形成个体的语言经验。为了落实这一核心素养，习作教学不能急功近利，要倡导“慢”的艺术，尊重学生的成长规律，契合学生语言发展的内在规律，引导学生在慢写中生成内在语言规则。

1. 保证时间慢慢写，让学生充分体验

整合教学内容，为学生打开与文本对话的窗口；整合教学环节，删去无用环节，将动笔时间还给学生；落实课标要求，保证课内习作每学年不少于16次。给学生充分的时间，让学生在练写中体验。

2. 指导方法慢慢写，让学生习得表达

读写的有机结合，可以促进学生生成内在语言规则。摒弃“匆匆动笔”的随文练笔，在交流中适时指导方法；丢弃“居高临下”的指导方式，蹲下身子发现共性问题，集中指导；重视“个体体验”的个性指导，关注习作个体，重视个体内在语言规则的生成。

3. 明确序列慢慢写,逐阶生成语言规则

统编版小学语文教材为落实语文核心素养的培养要求,重新确立了语文教学的知识体系。

(1)能力培养序列化

从第二学段起,统编版小学语文教材每册设置了一个"习作单元",以培养习作能力为核心,自成体系,注重习作过程和方法指导。每个年级重点训练的习作能力都有统筹规划,从观察、想象、写事、写景、写物、写人、围绕中心意思写以及表达真情实感等方面逐步提高学生的语言表达能力(见表3)。

表3 习作单元习作要素及习作能力训练

年级	册别	习作要素	习作能力训练	
			习作	习作能力
三年级	上册	仔细观察。	《我们眼中的缤纷世界》	仔细观察,把观察所得写下来。
	下册	大胆想象。	《奇妙的想象》	发挥想象写故事,创造自己的想象世界。
四年级	上册	把一件事写清楚。	《生活万花筒》	选一件印象深刻的事,按一定顺序把事情写清楚。
	下册	按浏览顺序写。	《游______》	学习按游览顺序来写景物。
五年级	上册	说明的方法。	《介绍一种事物》	收集资料,用恰当的说明方法,把某种事物介绍清楚。
	下册	人物描写的方法。	《形形色色的人》	初步运用描写人物的基本方法,尝试把一个人的特点写具体。
六年级	上册	围绕中心意思写。	《围绕中心意思写》	从不同方面或选取不同事例,表达中心意思。
	下册	表达真情实感。	《让真情自然流露》	习作时,选择合适的内容写出真情实感。

(2)目标定位梯度化

除习作单元外,阅读单元中的习作板块是统编版小学语文教材习作部分真正的主体。统编版小学语文教材对于习作内容的种类编排较为丰富，涉及范围也十分广泛。我对三至六年级习作单元的习作要素进行梳理，发现随着年级的升高，每一类习作要素在能力目标的难度上均体现出了循序渐进、螺旋上升的编排思路（见表 4）。

表 4　统编版小学语文教材习作要素统计表

年级	册别	习作要素							
		第一单元	第二单元	第三单元	第四单元	第五单元	第六单元	第七单元	第八单元
三年级	上册	体会习作的乐趣。	学写日记。	试着自己编童话、写童话。	尝试续编故事。	仔细观察，把观察所得写下来。	围绕一个意思写。	留心生活，把自己的想法记录下来。	写一件简单的事。
	下册	试着把观察到的事物编写清楚。	把图画的内容写清楚。	写一写过节的过程。	观察事物的变化，写清楚实验的过程。	发挥想象写故事，创造自己的想象世界。	写一个身边的人，尝试写出他的特点。	初步整合信息，介绍一种事物。	根据提示，展开想象，尝试编童话。
四年级	上册	推荐一个好地方，写清楚推荐理由。	写一个人，注意把印象最深的地方写出来。	进行连续观察，学写观察日记。	展开想象，写一个故事。	写一件事，把事情写清楚。	记一次游戏，把游戏过程写清楚。	写书信。	写一件事，能写出自己的感受。
	下册	写喜爱的某个地方，表达自己的感受。	展开奇思妙想，写一写自己想发明的东西。	合编小诗集。	写自己喜欢的动物，试着写出特点。	按游览顺序写景物。	按照一定顺序把事情的过程写清楚。	从多个方面写出人物的特点。	按自己的想法新编故事。
五年级	上册	写一种事物，表达自己的感情。	结合具体事例写出人物的特点。	提取主要信息，缩写故事。	学习列提纲，分段叙述。	收集资料，用恰当的说明方法，把某种事物介绍清楚。	用恰当的语言表达自己的看法和感受。	描写景物的变化。	根据表达需要，分段表述，突出重点。
	下册	把一件事的重点部分写具体。	写读后感。	写简单的研究报告。	尝试运用动作、语言、神态等描写，表现人物内心。	具体表现一个人的特点。	根据情景编故事，把事情的发展过程写具体。	收集资料，介绍一个地方。	看漫画，写出自己的想法。

续表

年级	册别	习作要素							
		第一单元	第二单元	第三单元	第四单元	第五单元	第六单元	第七单元	第八单元
六年级	上册	发挥想象,把重点部分写得详细一些。	运用点面结合的写法记一次活动。	写生活的体验,试着表达自己的看法。	发挥想象,创编生活故事。	从不同方面选取不同事例,表达中心意思。	写倡议书。	写自己的拿手好戏,把重点部分写具体。	通过一件事写一个人,表达出自己的情感。
	下册	注意抓重点,写出特点。	写作品梗概。	选择合适的内容,写出真情实感。	习作时,选择合适的方式进行表达。	展开想象,写科幻故事。	—	—	—

以统编版小学语文教材写人习作内容编排为例,教材中共编排了七次写人习作,并提出了关于描写人物特点的习作要求,其难度循序渐进,呈梯度上升。统编版小学语文三年级上册习作《猜猜他是谁》的训练点是“让你印象深刻的地方”;统编版小学语文三年级下册习作《身边那些有特点的人》的训练点是“抓住人物的典型特点”;统编小学语文四年级上册习作《我的家人》的训练点是“写一个人,注意把印象最深的地方写出来”;统编版小学语文四年级下册习作《我的自画像》的训练点是“学习用多种方法写出人物的特点”。到了统编版小学语文五年级下册习作《形形色色的人》,不仅要求段落和字数,还要求典型事例写具体,并具备展开叙述、描写的能力。目标定位梯度化不只体现在写人习作训练中,还体现在记叙文、想象文、说明文和应用文的训练中(见表5)。

统编版小学语文教材将学生习作能力的培养具化于习作训练系统之中,主要通过单元习作训练、习作单元训练、片段习作训练“三线并进”的训练模式展开,构建模仿、表达、交际三位一体的习作训练序列,让学生在多样习作中慢慢生成内在语言规则。

表 5　写人习作内容编排

年级	册别	习作	习作能力训练
三年级	上册	《猜猜他是谁》	仔细观察，把观察所得写下来。
	下册	《身边那些有特点的人》	用上述表达人物特点的词语，通过一件事写出人物特点。
四年级	上册	《我的家人》	写一个人，把印象最深的地方写出来。
	下册	《我的“自画像”》	把自己的外貌、性格、爱好、特长等介绍给新班主任。
五年级	上册	《“漫画”老师》	结合具体事例写出人物特点。
	下册	《形形色色的人》	运用描写人物的方法，选取典型事例，把一个人的特点写具体。
六年级	上册	《有你，真好》	通过几件事写出人物特点，融入自己的情感。

一、聚焦习作单元，落实习作要素

统编版小学语文教材习作单元按照学生认知发展规律从三到六年级每单元聚焦习作能力培养的一个点，进行单元强化练习。习作单元的构成为单元导语——单元教学的总目标，精读课文——指向表达方法学习，交流平台——总结梳理习作方法，初试身手——尝试练笔与修改，习作例文——借鉴、模仿及表达方法的整体感知，各个环节结合单元助学系统共同服务单元的习作目标。阅读单元中的习作板块和习作单元中的习作板块的结构一致，分为习作提示和习作要求两部分。

1. 依托阅读教学，渗透语言规则

用习作思维学习文本语言，在阅读中渗透语言规则。习作单元的精读课文有别于普通单元的精读课文，重在引导学生学习习作单元的表达方法。因此，习作单元精读课文的教学设计要以指向表达为宗旨，以“阅读铺路，读中学写”的教学理念为指导，以“依托阅读教学，渗透习作方法”为教学策略。

统编版小学语文五年级下册习作单元包括“人物描写一组”栏目和《刷子李》课文。其中,“人物描写一组”栏目内含《摔跤》《他像一棵挺脱的树》和《两茎灯草》三篇课文。学生通过阅读《摔跤》,学会人物动作描写的方法;通过阅读《他像一棵挺脱的树》,学会描写人物外貌的方法;通过阅读《两茎灯草》,学会关注典型事例抓细节描写;通过阅读《刷子李》,学会通过描述周围人的反应,间接写出人物特点的方法。教师在教学时,应引导学生关注课文对人物特点的描写方法,可以通过比较引发学生对习作方法的认识、思考和迁移应用,指导学生学习习作方法。

2. 借助“交流平台”明晰语言规则

“交流平台”不是简单地训练学生说话的流畅性和逻辑性,而是关注学生对课文表达方式的提炼总结。教师要适时引导学生梳理、总结表达方法。例如,统编版小学语文四年级上册习作单元的“交流平台”是写一件事,要求学生按照一定的顺序把事件的起因、经过、结果写清楚,同时交代时间、地点、人物,甚至还可以把自己想到的、看到的、听到的都写下来,从而引导学生习得写清楚一件事的表达方法。

3. “初试身手”尝试语言运用

“初试身手”位于“交流平台”之后,是基于学生交流背景开展的习作练笔,以满足学生的表达欲望。灵活利用练笔这一独特的习作形式,激发学生的表达欲望,使学生掌握习作表达在实践操作中的运用规律,从而提高其书面语言表达能力。统编版小学语文四年级下册习作单元的“初试身手”对学生进行写景训练,包括两个任务:一是要求学生根据示意图画出带同学参观植物园的路线图,并按顺序说一说,契合了学生的生活实际,调动了学生动手操作的兴趣;二是要求学生选择一处景物,与同学交流并按照一定的顺序写下来,落实本单元按顺序写景的表达方式。教师引导学生结合单元所提供的习作表达方式——按游览顺序、景物的变化顺序,以吸引你的景物为重点开展片段式的写景训练,尝试语言运用。

4. 以童心童趣的例文实现迁移

模仿是学生习作从依赖性到独立性过渡的桥梁，是习作的捷径和创造的基础，学生习作是一个由模仿到创造的过程。习作例文采用了“文章＋批注”的形式，为学生习作提供语言范式。通过对习作例文的赏析与思考，加深学生对习作表达方法的体会，从而深层次感知表达方法在具体习作中的运用。模仿的最终目的是领会事物的性质，形成自己的风格。抓住习作例文的要领，迁移运用表达规则，引导学生对习作例文赋予情感和个性的再创造，尊重学生独特的理解方式和创作形式。

在统编版小学语文三年级下册习作例文《尾巴它有一只猫》中，教师要引导学生抓住习作例文最突出的特点——逆向思维。由这一篇习作例文的逆向思维引导学生习作时要展开丰富的想象，用新的眼光、新的视角看待事物间的不同关系。在教师的引导下，有的学生能说出《鸟儿有一片天空》等习作题目，训练想象思维。统编版小学语文三年级上册习作例文《我家的小狗》，与学生的日常生活息息相关，语言幽默风趣，内容饱含童真童趣，让人看了立马就会喜爱上这只淘气、可爱又乖巧的小狗，字里行间都透露出了小作者对小狗的喜爱之情，同时也体现了小作者对小狗的细致观察。由此，学生就理解了这篇习作例文。同时，习作例文的题材、内容和语言饱含童真童趣，学生潜移默化地受到小作者的影响，在不知不觉中学会了如何细致观察和记录小宠物的生活，大大拉近了与习作的距离。

5. 以单元习作外化语言规则

(1)习作中运用表达要素

无论习作单元抑或阅读单元，习作都是单元的成果呈现，是语言规则习得的外化结果。习作表达应放大过程，缓慢地写，要留心生活、注意选材等前期准备工作，做好充足的认知准备，然后再动笔。统编版小学语文四年级上册习作《写观察日记》强调“观察在先，成文在后”，以落实本单元观察作文的特质。因此，学生在学习这个单元时，第一个重点是学会用图文、表格等多样形式记录观察所得，第二个重点是学会用语言清楚表达观察中的事物变化。

(2)评改中完善表达

习作评改是为了针对学生存在的优势与不足作进一步的调整与改进,从而提高学生交流表达的能力与文本再造的能力,发挥教学的有效性。习作评改的内容须着眼全局,观照单元整体,关注行文表达。评改标准要清晰化、可视化,关注单元习作训练目标的达成,标准的呈现清晰、具化,指明修改方向。评改作品要有“输出”的交流展示平台,通过对学生最终习作作品的展示,给学生带来自信与成就感,在同伴互助中促进自我反思与延续表达。统编版小学语文四年级上册习作《我的心儿怦怦跳》聚焦心跳最厉害的一刻,从“内心想法”“身体反应”评价学生是否把心儿怦怦跳的感受写清楚,在互评建议中引导学生修改不足。

二、阅读品味文本,丰厚内在语言

统编版小学语文教材将片段习作与专题习作训练相结合,锤炼学生的习作技巧。学生在多模式和多形式的习作训练中习得语言表达的技巧,感受语言表达的丰富性与多样性、准确性与生动性。相较于专题习作指向完整语篇的练习,片段习作以对语句和较短语段的言语技巧和表达内容的训练为主。

通过让学生仿照课文、词句段中精彩的句子、段落来练习习作,在课内给予点拨,在课外阅读中给予引导,鼓励学生进行仿写,使学生掌握句子修辞手法的运用、开头结尾的呼应描写、人物心理活动的刻画、环境描写的衬托等方法。根据学生的思维发展,逐步引导学生从机械仿写过渡到变通仿写,最后发展为创造性仿写。在“仿”中求“活”、“仿”中求“创”、“仿”中求“新”,从而让学生做到愿写、能写、乐写。

1. 在品味对比中,发现言语奥妙

在小学语文的教学过程中,教师要切实有效地落实读写结合的教学方式,要在课文教学的过程中引导学生发现课文内容的精妙之处,对课文中所蕴藏的内容进行体悟与感知。统编版小学语文教材四年级上册第三单元的语文要素是体会文章准确生动的表达，感受作者连续细致的观察。在教学其中的《爬山虎的脚》课文时可引导学生品味“逐渐”等词，通过关键词的删减对比，体会作者的细致描写，感悟用词的准确。

2. 在文本对话中，丰厚内在语言

内在语言规律的形成应融于日常，在情境中丰厚内在语言。依托文本发现表达的特点，补白文本，对文中没有继续说下去的部分或文章结尾展开合理想象，积累语言表达。在教学统编版小学语文四年级上册课文《走月亮》第二自然段时，教师要利用文中的省略号，引导学生想象：月亮会照亮哪些地方？让学生积极思索，模仿课文中的排比句进行续写。依托文本联系生活，迁移运用语言表达。引导学生仿照课文中的重点段落，将自己在某个月夜的所见、所闻、所想写下来，运用内化的语言进行表达。

在理解体悟的基础上，借助片段习作或小练笔的形式引导学生迁移习作，进行有效的仿写、改写，并在仿写、改写的过程中内化语言。

3. 在词句段训练中，掌握语言规则

“词句段运用”安排系列语文实践活动，引导学生在生活中运用语言文字，掌握语言规则。如统编版小学语文三年级上册第四单元“语文园地”中“词句段运用”栏目的第三个练习，要求学生读三句话，并运用例题中的三种方法写句子。这三句话分别运用了提示语在前、在后、在中间的不同的语言描写方法，这就是一次语言描写的片段训练。

三、创设习作任务群，运用内在语言规则

语文学习任务群离不开习作。在《新课标》提及的六大类语文学习任务群中，每一类都可以设计相应的习作学习任务群。教师可以设计多样的习作学习任务、相应的语文实践活动，注重多媒介融合，引导学生运用生成的语言规则。

1. 在立意中确定主题

习作学习任务群的设计必须保持课程育人、文化化人的初心,以此进行习作学习活动的开发与研制。结合教材中的内容编排和学习进度,因时制宜、因地制宜地筛选学习主题。教师可结合统编版小学语文四年级上册习作《推荐一个好地方》中的习作要素,设计"杭州是个好地方"这一习作学习任务群,将传承传统文化作为立意,充分体现核心素养中的文化自信,对学生正确价值观的形成具有积极意义。

2. 在真实情境中明确任务

让学生在真实情境中自觉成为活动主体,在一连串精心设计、层级分明的语文实践活动中,提升学生的语言多样表达能力。在"杭州是个好地方"这个习作学习任务群中,引导学生担任杭州文化大使,承担杭州旅游手册的设计,让学生真切感受到作为主人的身份与担当。经历资料整理—风景推介—美食推荐—路线设计—文明倡导等环节,让学生开动各种感官,在语文实践中蓄积表达素材,在做事中学习习作技巧。

3. 在系列任务中灵活运用

习作学习任务群将大任务分解在学习群组的学习活动的每个单元中,形成小任务。习作学习任务群"杭州是个好地方",总的习作学习任务是制作杭州旅游手册,而子任务则是制作杭州旅游手册中所需要的"城市简介""风景导游""美食推荐""交通指南"等模块。大的习作任务集中明确,小的习作任务关联贯通,习作学习任务群的设计就基本完成了。习作学习任务群旨在引导学生在实践中内化语言规则,灵活运用语言文字。

第四节　慢煮:在丰厚积累中转化

语言积累和运用是语文学习中必须养成的习惯,语文的学习过程就是一个不断积累、运用的过程。习作则是学生倾吐积累的过程,只有"胸藏万汇凭吞吐",才能"笔力千钧任翕张"。习作应注重个体语言经验的积累,重视语文实践的丰富，在广泛积累中建构，在丰富实践中运用，在耳濡目染、身体力行的渐进过程中，促进核心素养的发展。

一、夯实个体积累，形成语言经验

个体语言经验是一个人带得走、搬得动的内在语文素养，是语文课程学习可呈现的成果。语言积累是语文学习的根基，习作教学应关注日常，在日常生活中，丰富见闻，积累习作素材；在广泛阅读中，积累语言材料；在梳理整合中，形成个体语言经验，为习作能力的提升、语文素养的形成奠定基础。

1. 丰富见闻，积累习作素材

《新课标》在小学阶段的表达与交流中重视学生养成留心观察事物的习惯，有意识地丰富自己的见闻，珍视个人的独特感受，积累习作素材。习作素材是习作的基础，其积累是一个长时间的过程。应重视学生积累习作素材的兴趣，教给学生观察生活、认识事物的方法，引导学生在丰富的生活中积累素材，提高其习作能力和语文素养。

(1)在观察体验中，丰富见闻感受

积累素材应将目光更多地集中在学生的日常生活中，通过带领学生深入体验生活中的场景来挖掘内容丰富、形式多样、寓意深刻的习作要素，从而使学生在习作时可以做到“胸中有物、笔下有情”，借此完善作文指导的效果。

①在观察体验中，积累角色描写素材

学生习作的对象大多为身边的人、事、物，教师应引导学生在日常生活中观察周围的人物、事物，回忆和他们相处时那些能带给自己特殊体验的片段，从这些内容中提炼出可以刻画其主要特点的素材，从而让学生摆脱“样板化”的角色描写固定思维。

②在回忆中，积累情节设置素材

学生对一件事的体验常常只能集中在某一个或少数几个点上，而无法将整件事的全过程进行转述。教师在指导学生构思情节时要还原出具有足够代入感的事件场景,并以学生脑中的记忆节点为基准,引导学生按图索骥地梳理事件的来龙去脉。在《那一刻,我长大了》这样充满回忆色彩的习作中,教师可以构建几个具有不同主题的场景供学生回忆,如第一次遇到困难时不能退缩,受到伤害时忍住不哭或看到坚强的爸爸默默擦泪,听见一向乐观的妈妈喟然长叹等突出反差效果的往事。教师可以让学生结合这些回忆中比较清晰的部分,自由还原当时的场景并悉心体验自己当时的内心感受,从而形成编织作文内容情节的有机材料。

③在感受中,积累情感体验素材

在实际的教学过程中,教师可以通过开展多种多样的教学活动的方式,让学生动手制作、设计、实验、品尝以及参加各种有趣的活动。学生在亲身实践中加深对事物的认识,感受乐趣,教师要恰当把握机会,指导他们记录自己在活动中的心理活动与感受,并将其作为习作素材。掰手腕、老鹰捉小鸡等快乐游戏体验,可化为《那次玩得真高兴》;父母的爱、同学间的互助,可化为《有你,真好》……丰富的情感积累,让习作表达真实而富有感情。

(2)广泛阅读,积累语言材料

阅读是输入,习作是输出。学生的习作水平在很大程度上与阅读量、日常积累的素材相关。

①在课内阅读中,积累精彩表达

在赏读课文的过程中,关注规律性的语言经验,品味优美的语段或词句,背诵好词佳句或精彩片段,在背诵记忆中积累词语、丰富语言。在统编版小学语文五年级上册课文《四季之美》"东方一点儿一点儿泛着鱼肚色的天空,染上微微的红晕,飘着红紫红紫的彩云"一句中,"泛""染""飘"让我们仿佛目睹了黎明时天空色彩的变幻。可见,动词的精准使用能让画面鲜活灵动,从而展现出景物的动态美。在统编版小学语文五年级下册课文《牧场之国》"沉睡的牲畜,无声的低地,漆黑的夜晚,只有远处的几座灯塔在闪烁着微弱的光芒"一句中,一连串名词性偏正短语描绘出一个个鲜明的意象,叠加式地构成一幅幅和谐浑融又情趣内蕴的画面。好的句式具有感染力,能一下子占据学生的语言感觉，能长时间停留在学生的语言记忆中，能潜移默化地内化为学生的个体语言经验。

②在课外阅读中，积累独特文体

语言运用经验因文章的体裁不同而有所区别。如，比喻、拟人、排比等修辞手法常常出现在诗歌、散文、童话等文学作品中，简洁准确的语言、客观理性的陈述恰恰是说理文、政论文等功能作品的典型特征。在广泛的课外阅读中，学习可以积累不同文体的表达方法。童话是统编版小学语文教材中最常见的文体，除了丰富的想象、夸张的笔法以及象征的意义，语言运用也有其特殊的规律。在课外阅读中，学生应深入感受安徒生笔下小美人鱼的美丽脱俗、王尔德笔下花园的奇妙梦幻。读童话，不仅要读精彩的故事，还要品味其独特的语言。同类文本的集中阅读，能增强学生的文体意识，让学生语言文字的运用更好地吻合文体特征、语体特征，从而使表达内容与语言形式真正实现水乳交融。

(3)梳理整合，形成语言经验

在书面阅读中，学生所获得的个体语言经验还处于雏形和概貌阶段，还需教师引导学生借助信息技术等多种方式汇总、梳理自己积累的语言材料，让零散无序的语言经验条理化、结构化，使之能与已有的经验系统“兼容”，并在此基础上进行拓展，学以致用。语言材料的梳理整合可借助单元要素，打通课内课外，从词语、句子、片段等方面进行积累。如，统编版小学语文三年级上册第七单元的语文要素是“感受课文生动的语言，积累喜欢的语句”，教师可借助摘录卡引导学生分类摘录，积累生动语言。

二、把语言经验转化为习作能力

语言积累的最终目的就是运用，应在语文实践活动中发展和提升学生的语言运用能力，让学生更加灵动地运用祖国的语言文字进行个性化、创造性的表达。

1. 加强语文实践,落实语言构建

学生的记忆能力必须经过强化训练才能提高,教师要在教学中有意识地对学生进行科学训练。鼓励学生将摘记的优美词句运用在作文中。

(1)依托文本,落实语言建构

随着学生阅读、表达经验的日趋丰富,我们开展语言文字运用的实践活动也应该有所侧重。教师可依托现有文本,对其进行有效仿写,以满足学生日益增长的表达需求,落实语言构建。在统编版小学语文四年级上册《盘古开天地》课文中,作者展开丰富的想象,将倒下以后的盘古的身体各部分与我们生活的大自然相联系。教师可引导学生继续想象,关注句式"变成了怎样的什么""变成了什么,怎么样",从而引导他们想象每一幅画面,并感悟写出画面的方法。与此同时,对学生作文中的好词好句,教师可用红笔圈出并加以赏析,从而增强学生积累语言和运用语言的乐趣。

(2)多样活动,推动语言运用

实践是完善体验、获取知识、掌握技能的最佳途径。教师要充分利用学生好动的天性,设计、组织一些具有较强代入感和趣味性的实践活动,让学生在参与的过程中深入感受其中蕴含的生活趣味、知识内核与社会情怀,进而为学生后续习作的开展注入鲜活的养分和新奇的灵感,使习作教学的质量上升到一个新的高度。教师可结合习作单元开发习作任务群,推动学生的语言运用。结合统编版小学语文五年级上册习作《介绍一种事物》,我以"趣物说"为主题构建习作任务群。通过制定说明意向,构建读者意识;创造绘制趣说,内化读者意识;多样展示趣说,显现读者意识这三个子任务,深化读者意识,促进学生自主说明,习得恰当的说明方法。在提高学生语言文字运用能力的同时,发展其分析、评价、创造的高阶思维,养成科学的精神。

2. 关注语言运用,培养习作习惯

(1)以日记为载体,培养日常习作习惯

生活中许多美丽动人的瞬间稍纵即逝,只有记录下来才能成为永恒的画面。日记灵活、行文自由,是提高习作水平的捷径之一。学生在实际生活中所见到的或者所感受到的人、事、物、景、理等，都可作为日记的内容。教师要教给学生写日记的方法，有话则长，无话则短，引导学生在习作中发现生活中的闪光点，运用积累的语言材料记录当时的所见、所闻、所感。日记的内容包罗万象，最好分门别类加以整理。整理的过程也是一个再创作的过程，可以一举多得。

(2)以趣味活动为载体，培养语言运用习惯

在日常习作中，学生会出现虽然积累了语言材料，但不会运用的情况。说到底，这是没有理解、内化语言材料，缺乏对语言材料运用情境的认识，以及语言运用的意识。因此，围绕学生已积累、梳理的语言材料适时开展活动，让学生在情境性的活动中运用所积累的语言材料。如，一、二年级可以开展成语、格言、名言、歇后语大比拼等活动；三、四年级可让学生结合课文学习编写故事、童话、寓言等；五、六年级可组织学生策划、开展读书交流会等活动，交流语言运用。

(3)以多样表达交流，培养语言交流习惯

学生习作的最大功用应是为了满足交流的需要。只有当习作成为一种交流的需要时，学生才会真正想要做好这件事。借助现代信息技术，构建习作交流网络，以多样表达促进交流。班级漂流日记，在记录班级生活的同时，交流表达；班级钉钉群，以图画、语音等多种方式交流所见所闻，感受表达的乐趣。每名学生既是语言输出的“供方”，也是语言输入的“需方”。学生互相阅读彼此的文章，互相点评彼此的文章，互相修改彼此的文章，从而促使学生通过多元形式的自改、互改、自评、互评，取长补短，共同提高习作水平，实现语言交流和人际交往的价值。

三、丰厚语言运用，发展核心素养

学生的思维能力、审美创造、文化自信都以语言运用为基础，并在学生个体语言经验的发展中得以实现。习作教学除关注语言运用外，还应关注学生思维能力、审美创造、文化自信等核心素养的发展。

1. 以文化人,树立文化自信

语文课程中的语言,主要是民族文化、传统文化、先进文化的映射和镜像。以文化人是指在年长日久的浸润与陶染的过程中,培养学生的文化认同感和归属感、文化自信和创造力。学生在积累、把握语言规律,获得语言经验的同时,受到日常传统文化的浸润,以及优秀文学作品的熏陶。随着积淀的逐渐深厚,学生对中华文化就会越发认同;随着习作能力的不断提升,学生的表达信心就会逐步提高。习作蕴含着文化自信,更预示着学生未来对语文学习的态度和家国情怀。

2. 可视思维,形成言语智慧

语言是思维的外壳,思维是语言的内核。在习作的过程中,教师可搭建多种思维支架,让思维可视,在立意选材中培养学生的创造思维,在构思谋篇中发展学生的逻辑思维,在语文表达中发展学生的形象思维,在评价修改中培养学生的辩证思维。在语文实践活动中,学生发现语言知识和运用的规则。在思维的作用下,静态的知识规则转化为动态的个体语言经验。凭借个体的思维来甄选、调整、调用与语用情境相匹配的语言经验,从而形成熟练的言语技能。语言运用情境不断转换,学生的个体语言经验结构不断深化,思维能力也逐渐提升,最终练就言语智慧。语言的建构与运用,始终以语文实践活动为平台促进学生语言与思维共生。

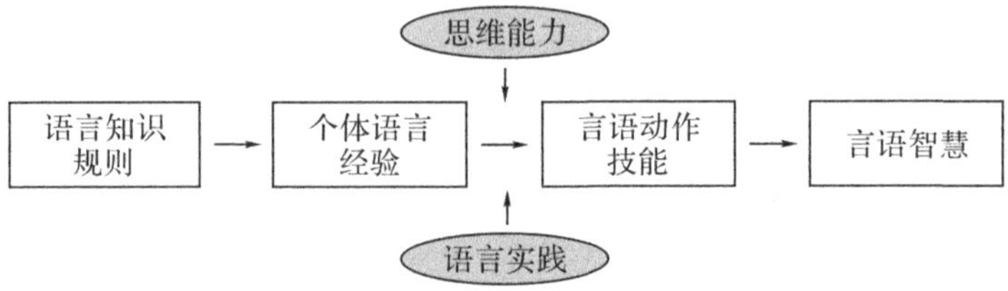

3. 审美创造,发展审美情趣

在语言积累中发展学生的审美,通过观察、理解、欣赏、评价语言文字及作品,使学生获得较为丰富的审美经验,从而具有初步的感受美、发现美的能力。在习作表达中重视学生的创造，运用语言文字表现美、创造美。针对习作任务情境，学生须输出积累，有效解决问题，让表达畅通无阻；还须适时调整表达，让表达符合情理。在习作中，学生运用已积累的语言材料表现美和创造美，进一步发展审美情趣。

《新课标》指出：核心素养的四个方面是一个整体，学生的思维能力、审美创造、文化自信都以语言运用为基础，在学生个体语文经验的发展中得以实现。相信语文积淀的力量，相信语文实践的运用，在丰厚积淀中浸润，在语文实践中转化，让语文核心素养在学生的心灵深处扎根、成长。

第六章

慢语文理念下的诗文教学策略

在小学语文的教学实践中，诗文教学尤其是古诗文教学是绕不过去的一块。在统编版小学语文教材中，共选编了112首古诗词和14篇文言文，占课文总数的30%左右，可谓数量与质量并重。这些诗文的选编呈螺旋式上升，即随学生学段的上升而螺旋上升，符合学生认知发展规律，是小学语文教学中不可或缺的一环。然而，在实际教学中，诗文教学的“快”教“粗”学问题依然存在。

1. 走马观花，教师快教

在实际教学中，相较于阅读课文，教师对于诗文教学往往会走马观花。即在一节课上“教授字词、翻译句子、背诵诗文”三步走，走马观花之下，看似漂亮，却无法体会诗文的意蕴悠长之美。

2. 囫囵吞枣，学生粗学

在诗文教学中，学生学得也很粗，往往囫囵吞枣，乐于做背诵、默写等机械性学习，不愿做理解、探究等深入学习。这种学习容易停留在表面，只求速度，缺少浸润。

3. 汹涌澎湃，文化快餐

在诗文教学中，还容易遇到的一个问题就是外部汹涌澎湃的文化快餐——短视频、网络小说等，它们在很大程度上影响了学生，让学生对需要细细品、慢慢嚼的诗文缺少兴趣，在学习中难以放慢脚步品味。

木心在《从前慢》里曾说："从前的日色变得慢。车、马、邮件都慢，一生只够爱一个人。"其实，诗文教学也可以慢下来，把"在心为志，发言为诗"的经典诗文内化为学生的文化自信和审美情趣，让学生的核心素养在这一过程中得到提升。

第一节　特质侵入，感知韵味

一、一曲新词酒一杯，先声夺人"影音频"

让诗文教学慢下来，可以基于学生的立场，以学生喜爱的方式为载体，吸引他们的学习兴趣。一曲新词酒一杯，用学生熟悉且喜爱的"影音频"来解读诗文，做到先声夺人，让学生感知诗文中的韵味。

1. 影视吸睛

影视作品是学生很喜欢的一种直观视觉型物质载体。让学生通过欣赏影视作品，寻找其中的诗文韵味，是大多数学生乐于接受的一种形式。通过这种形式能吸引学生的兴趣，让学生在潜移默化之中感受诗文之美。

影视吸睛是在课堂上和课后都可以使用的一种教学策略。教师可以通过特色作业的形式让学生在课后关注一些包含诗文特色的影视作品。在欣赏这些影视作品时，学生抱着一种轻松愉悦的心情，慢慢地就能感受到其中诗文的韵味。之后，在课堂上，教师可以把学生印象深刻、较为喜欢的影视片段剪辑出来，让全班学生一起观看。每天用较短的时间，让学生初步感受影视作品背后的传统文化之美，涵养学生的高雅情趣，逐步培养学生的审美创造能力。

2. 音乐纳声

除了用影视作品慢慢吸引学生之外，通过音乐接纳诗文之声亦是一种吸引学生兴趣的好策略。传统文化中的古诗文等其实都是可以且吟且诵的，而现在小学阶段的学生还不了解这一点。因此，在进行古诗文教学或者课外拓展性学习时,可以将古诗文等转变为音乐,让学生在音乐声中接纳诗文之美。

例如,在课堂上讲到"明月"这一古诗文中常常出现的事物时,可以播放王菲的《但愿人长久》,让学生陶醉在空灵优美的音乐声中。再适时引入这首歌的歌词——苏轼写的《水调歌头》,学生对于诗文的兴趣便在音乐声中被点燃了。课后,还可以让学生寻找经典的诗文音乐作品,可以是课本上的诗文,也可以是自己了解的作品。在这些音乐背后,是传统与现代的融合。运用音乐纳声这一简单的教学策略,能够更好地唤起学生对诗文的多种理解。

3. 短视频触感

当下,最受学生喜欢的了解信息的方式便是短视频了。短视频有别于影视作品,它的时长更短、信息更碎片化,却无时无刻不在人们的日常生活中。有不少学生很喜欢刷抖音、快手等短视频。现在,在网络上,也有不少对诗文进行解说的短视频、动画,短小精悍、风趣幽默,非常能吸引学生;还有许多名师做的诗文微课,分享在公共平台上,亦是短视频资源。这些短视频资源可以被整合在一起,让学生通过短视频的方式感知诗文中的韵味。

二、挥毫落笔如云烟,传统文化"字画书"

通过"影音频"可以做到先声夺人,但要让学生慢慢浸润诗文韵味,还需要与传统文化相结合,将诗文作品融入"字画书",甚至可以稍加一点演绎,在挥毫落笔之间让学生感受韵味。

1. 在练字中,体会诗文之美

书法是传统文化的一种类型,通过让学生寻找自己喜爱的诗文,并用不同的书法书写出来,不仅能让学生感受书法之美,还能让学生感受诗文的韵味。

中国书法有其独特的美感。楷书方正笔挺,往往能让人感受书法和诗文背后书法家和诗人正直、清高的品质；行书笔走龙蛇，往往能演绎诗人创作时的潇洒不羁和浪漫情怀；草书狂放豪迈，往往能让人感受如太白般的豪迈和夸张；隶书、篆书古朴典雅，更有其韵味。学生可以选择自己擅长的或喜欢的字体，用钢笔字、毛笔字、粉笔字等进行二次创作。

除了让学生在课外书写和感受喜欢的诗文以外，我们还可以在课堂上让学生集体练字。教师事先选好一首经典诗文，当堂让学生用自己喜欢的字体进行练习，不求书法作品的书法水平有多高，但求将这首诗文中的个人感觉写出来。爱国诗、边塞诗、田园诗、送别诗、写景诗……不同题材的诗文可以演绎出不同的视觉效果，学生书法作品的展现也各不相同，书法和诗文是可以有机结合的。根据教师的观察，女生的字体偏婉约清秀，适合练习山水田园诗；男生的则相反，更加大气豪迈，适合练习爱国诗和边塞诗。

2. 在绘画中，感悟诗歌之蕴

“诗中有画，画中有诗”，这是王维带给我们有关诗文最大的感受。的确，画与诗往往可以融为一体，优秀的诗文也极富画面美，因此用画作将诗文中的意蕴表达出来，也是一种很好的方式。绘画是学生比较喜爱的一种方式，一边读诗，一边想象画面，边想边画，在慢慢的时光中感知韵味。典雅清淡的诗文可以用中国水墨画描绘，画完后，再将诗文抄到画上，仿佛自己也成了腹有诗书气自华的古人。“千里莺啼绿映红，水村山郭酒旗风”中的桃红柳绿；“孤帆远影碧空尽，唯见长江天际流”中的水天一色；“日暮汉宫传蜡烛，轻烟散入五侯家”中若隐若现的黑白之色，都被学生用画笔描绘下来，用心感触。一年四季，春夏秋冬，都有优秀的诗文呈现。学生用画笔将这些诗文中的画面美和意境美展示出来，可以调动学生观察美的眼光，用视觉发现诗文和生活中的美。

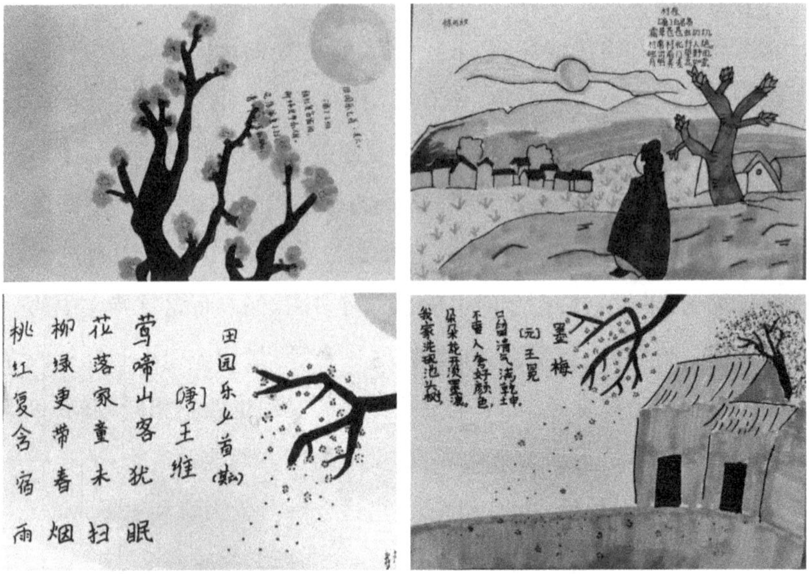

3. 读书积累

“书读百遍,其义自见。”其实,古诗文学习光靠教材中的积累是不够的,可以让学生慢慢养成看书的习惯,在书中积累优美的诗文名句。久而久之,就能有诗文的底蕴。例如,读王兆鹏的《宋词排行榜》。书中用排行的方式收录宋词,吸引学生的兴趣:为何这首词能排在前列呢?可以将这本书在班级中以学号的顺序传阅,并让学生课后查阅与学号相对应的那首词的资料。四年级已经学过做批注的方法,学生根据自己查阅的资料,对照诗词内容进行批注。书上写满了全班学生的批注和笔记,教师每天在语文课上花一点时间让学生分享,不断积累,学生对于诗词的感悟也在不断丰厚。在这个过程中,学生对于诗文的兴趣和素养也得到了提升。

三、且诵吟风弄月篇,修身养性“读诵写”

对于诗文的理解,千人千面,不同的人读来都有不同的体会。诗文可以修身养性,这个过程也需要慢慢积累。通过“读诵写”的策略,拾级而上,一步步感其韵味。

1. 朗读体韵

诗文不可不读，通过反复朗读，读出抑扬顿挫、读出气断声连、读出停顿节奏，从而让学生更好地了解诗文中的内容，促使学生进一步了解诗人创作的背景，从而体会诗文中的无限韵味。为此，教师可以采用多种策略进行朗读，让学生在读中体会诗韵。教师在进行朗读体韵时，可以采取以下三种方法。

(1)师生互读

教师领读一句，学生读后一句；调换顺序再读，循环往复。这样，学生能更近距离地接触教师，通过教师的范读感染自身，从而沉醉入声，久之成韵。

(2)男女互读

在朗读一些写景的诗文时，可以让男生读前两句写景句，让女生读后两句抒情句，通过男女生声音的不同来体会内容，读出韵味。

(3)一生领读

课堂上，让一位朗读优秀的学生领读，其他学生边了解诗中内容的意思边跟读，在这种环境下自然而然地入声，揣摩佳作韵味。

通过朗读体韵，学生自然而然地读出诗文的内容，体会相应的韵味。

2. 吟诵和韵

吟诵是古人学诗文的基础。在了解诗文内容的基础上，教师也可以通过吟诵让学生入声，让学生通过诗中声调的变化体验古人作诗时的状态和情感。这种体验于学生而言是新鲜而有趣的，学生共声的兴趣也能被继续调动。在这个过程中，内容与情感结合，韵味便再次迸发。

例如，在学习林升的《题临安邸》一诗时，教师首先在屏幕上出示一张该诗的吟诵表，然后带领学生吟诵，体会诗中的声调变化。在吟诵时，“楼外”“歌舞”“熏得”几个词语的声调会明显上扬，而“楼”“休”“州”几个字的声调则要明显下沉，并读出悠长的拖音。学生一开始只是觉得好玩，但不理解。当教师解释了上扬的声调体现了舒缓，而下沉的声调既是韵脚又有忧伤，并让学生结合诗的内容再读时,学生逐渐体会到了林升在一片“暖风悠悠”背后的担忧。不少学生乐于再次吟诵,再次体会,学生对于诗文学习的热情也就更高了。

通过吟诵和韵,学生体会到了诗文中声调的变化,感受到了蕴藏在诗文中的感情,从而在吟诵之中和出了韵味。

3. 誊写感韵

文和字是相辅相成的。王羲之的《兰亭集序》被誉为“天下第一行书”,具有极高的艺术欣赏价值。同时,这篇古文也写得非常优美且富有哲理。好的文章和美的文字相结合,更能带给人美好的感受。因此,有时候可以让学生誊写诗文佳作。学生在誊写的过程中静下心、沉住气,感受汉字的美与笔尖所誊写的诗文之美,长久沉浸之下,便能感受诗文之韵了。

小学五、六年级的学生在课本上已经学过如何誊写了。除了誊写规范的指导之外,教师还应该给学生创造一个好的誊写环境。每周在一节自习课上,教师可以准备好古色古香的誊写纸和打印好的优美诗文,让学生工工整整地把诗文誊写在纸上,然后再让学生集结成册。学生每每想学习诗文时便可拿出这本小册子。在潜移默化地慢慢浸润之下,学生不仅能够提升自身的书法功底,还能够逐步感受传统文化的韵味。字与诗文的韵味相结合,学生的感受也是别有一番韵味的。

第二节　意象侵入,深入解读

意象是诗文的灵魂。让诗文教学慢下来,也应当通过意象侵入,运用各种方式,和学生一起深入解读诗文。意象是带有特殊含义的主观物象,是中华民族集体意识的精华。和学生一起深入解读意象,可通过思维可视化和物象可视化两种策略慢慢探究。

一、思维可视化,思维导图式意象解读

意在象先,对意象的理解往往是多方面的。在这一过程中,可以通过一

系列思维导图解读意象，让学生的思维可视化，从而使学生慢慢习得经验，增长相应的知识。

1. 流程图，线性理解

通过思维导图进行意象解读，让学生的思维可视化，较为可行的是绘制流程图。因为意象中的含义之于物象不是生来就有的，而是历朝历代中国文人的精神所赋予的。这种价值解读可以反馈在诗文之中，而要让学生充分理解，绝非一蹴而就，需要让学生一层层解读。

对于一首包含经典意象的诗，教师可以先为学生进行分析，将诗中蕴含情感的景物，即小意象按照线性的方式一点一点解读。由一词到一句，再由一句到一首诗，最后由一首诗到知人论世的背景，在反复理解、反复追寻之中，意象背后所包含的价值就会慢慢浮现，犹如抽丝剥茧，让学生逐渐理解。教师可以事先准备好流程图，在诗文教学课堂上适时使用这一教学手段，每到一步便让学生完成一步。如在教学“明月”这一经典意象时，先由“明月”之象聊起，再联系注释等理解诗句意思，最后结合诗的写作背景体会“明月”意象。在一步一步引导之下，学生自然而然地理解了“明月”这一意象。这些步骤都在课堂上通过流程图的形式循序渐进地铺开。

此外，流程图的解读方式还可以运用在小组合作探究之中。这种小组合作探究可以是生对生的，这也是一种线性理解。在教师进行解读后，教师可以选定一位优秀学生担任小老师，在课堂上的某个环节开设讲座，为其余的学生讲讲自己对诗中意象的理解，由生反馈于生，将课堂还给学生，从而达到线性循环的效果。采用这种教学策略，学生的参与度和理解度会更高。例如在教学统编版小学语文六年级下册《送元二使安西》这首诗时，为了让学生理解“阳关”这一意象，教师采取了文本解读式策略：事先让学生查找这首诗的资料，并谈谈自己的理解。学生侃侃而谈，由王维的生平背景聊起，又讲到了当时唐朝的情况，这样的交流引导学生自己慢慢明白意象。流程图这一简单可操作的思维导图还可以被反复运用于其他古诗文课堂之中。如此而言，课堂是慢的，而学生的思维是活跃的，文化在这一过程中是被浸润的。

2. 气泡图,择点生发

解读诗文之中的意象之美亦需要慢慢品味。通过流程图的线性理解,能更好地帮助学生理解经典意象的意蕴和内涵,而更进一步的理解,则需要对意象进行更多的探究和梳理。因为往往经典的意象不局限于一种内涵,此时可以采用气泡图式的思维导图,以经典意象为点,择点生发,探究更多含义。

以气泡图式的思维导图进行意象解读不是拿来即用的,而是需要基于学生对所学意象有一定的理解和积累。在这一过程中,教师运用新的教学手段帮助学生理解更多意象的含义,由此让学生浸润在诗词文化和内涵之中。如,五、六年级的学生之前已经学过关于“柳”这一经典意象的许多诗文,也初步理解了“柳”有“折柳送别”“与朋友依依惜别”之意。此时,教师可以出示一张气泡图,让学生对原本忽视的诗文中的经典意象进行再寻找,并由此生发,回忆与这一意象相关的其他诗文,产生知识迁移。当某一名学生分享王之涣的《凉州词》时,便抓住此中“柳”的意象,由此延伸开去。教师此时给予学生帮助,让学生拿出气泡图,以小组合作的形式一同来填写、回忆。

学生在回忆和发掘之中会慢慢理解,原来“柳”这一经典意象包含多种含义。这些含义隐藏在过去所学的诗文之中,也体现在更多的经典名作之中,从而激起学生的探究欲望,并在之后的语文学习中自主进行意象探究。教师要做的就是将气泡图式的思维导图教予学生,为学生营造追寻、理解诗文的氛围,让学生好好利用这一思维导图,进行拓展学习。

通过气泡图式的思维学习,学生容易产生知识迁移,同时也有利于教师营造学习氛围,让学生进行意象追寻理解的再探究。

3. 树状图,拾级而上

通过思维导图式的意象解读,让学生的思维可视化,加深学生对于诗文内涵的理解,从而提高学生的审美情趣。在这个慢慢前进的过程中,学生的核心素养得以落地,多方面的能力得以提升。在通过流程图进行线性理解、通过气泡图进行择点生发之后，还可以再进一步通过树状图的方式让学生拾级而上，慢慢深入解读诗文中的丰富内涵。

树状图的设计是阶梯状的，主要以学习活动为驱动，通过线上线下相结合的方式，让学生在课堂上和课后根据树状图的学习活动一步一步提升、拔节，最终深化其对于意象的深入解读并落实与诗文相关的学生的各项核心素养。在学习一首诗，找到相应的经典意象之后，教师可以先让学生完成树状图上第一阶梯的学习活动。如，通过朗读、默写等方式回忆与这个意象相关的其他诗和意象的含义，目的是提高学生的语言运用能力。然后，教师可以让学生完成树状图上第二阶梯的学习活动。如，思考这一意象为何要用在这句诗中，诗人写到这一意象的时候会怎么想，从而锻炼学生的思维能力。树状图第三阶梯的学习活动可以让学生想象画面，将诗与诗人、意象与情感结合起来，从而提高学生的审美创造能力。在整个过程中，通过意象解读，在树状图之中拾级而上，学生的文化自信得以彰显。

通过不同的思维导图进行意象侵入，对诗文和传统文化进行深入解读，可以慢一点，再慢一点。

二、物象可视化，情景模拟式意象解读

将意象之“意”通过思维导图的形式显示出来，让学生的思维可视化；同时，也可以将意象之“物”，即那些常常出现在诗人笔下之“物”用特殊的形式显示出来，从而达到意象解读的目的。物象可视化，即情境模拟式意象解读，运用多种意象模拟，将这些物象进行深入解读，由此慢慢地在学生的心中深植扎根。

1. 风花雪月，艺术展出

对于一些可听、可感的意象，教师可以在课上或者课下用艺术展出的方式，为学生营造一场风花雪月。如，通过音乐和舞蹈来解读视听意象。视听是学生最常用的感官，在满足视觉冲击之后，再加上听觉的舒缓，也会给学生带来不一样的感受，从而形成对某种意象的深入解读。当下，抖音、快手

等小视频流行,学生很喜欢拍摄一些小视频,再配上喜欢的音乐来展示。教师可以满足学生的兴趣,让学生借助小视频拍摄,通过音乐或舞蹈的方式来演绎诗文中的经典意象。优秀的小视频可以在课堂上进行播放展示。

学生对于这种解读方式也非常喜欢。一些学生会使用学过的朗读或吟诵的方法来或读或吟或诵几首带有同一意象的经典诗作,然后配上一些适宜的背景音乐。在节假日或双休日里,不少学生会拍上一段朗读的短视频发给教师。有的学生还会改进之前的视频:先朗读诗作,然后通过自弹钢琴配乐的方式进行朗诵,最后更进一步,在自己配乐的情况下唱出来。这样的声音必定融入了学生个人的解读,很能表达出诗中意象的内涵,我们可以挑选这类优秀的短视频在课堂上播放。

除此之外,还有学生喜欢通过舞蹈的方式将诗文表演出来,并配上动听的古风音乐,将其拍摄成抖音、美拍等小视频。这样的情景模拟极富美感,通过视觉和听觉的双重美感解读了意象。例如,班上的一名学生自幼学习舞蹈,同时也是一名抖音迷。她在听到其他同学分享的《长恨歌(节选)》后,觉得这首诗作中的“荻花”等意象很符合自己的气质,便用音乐配舞蹈的方式将诗作进行情境模拟式意象解读。为此,这名同学特意在周末来到舞蹈房,换上汉服,戴上面纱头饰,旋转双手翩翩起舞,在一首古风音乐的衬托下,将诗中大唐的舞蹈表演了出来,让人们的眼前仿佛真的出现了秋风萧瑟中岸边美景的场景。

由此可见,诗文中的意象借助音乐、舞蹈等艺术形式来表达,能起到较好的效果。这种解读方式既结合了学生喜欢的抖音、美拍等小视频,又让学生慢慢贴近古诗文中的意象,体会物象之美。现代技术和古典之美在此得到完美结合,学生对诗文的理解也慢慢深入。

2. 穿堂惊风,场景再现

对于诗文中一些经典意象的解读,可以用场景再现的方式进行情境模拟,抓住意象中“物”的部分,让学生借助情景剧等形式再现当时的场景,从而使得物象可视化,同时也在学生的脑海中留下深刻的印象。犹如穿堂惊风一般，在之后的生活场景中，不经意间便可想起这种意象。

例如，有一组学生通过情景剧的形式再现王之涣《凉州词》中的场景，着重展示“羌笛”这一意象，让“羌笛”之物深入人心，令人印象深刻。

时间：黄昏时分。

地点：苍凉的玉门关外。

人物：将军（由小沈同学饰演）、士兵（由小章同学饰演）、吹笛人（由小范同学饰演）。

第一幕：黄龙般的队伍绵延而行，将士们望眼欲穿，眼前正是那天下闻名的玉门雄关（旁白）！

士兵：看！那黄河水直上白云的地方，出现了一座城池，大家伙快点走，前方就是玉门关了！

将军：玉门关，玉门关，一入此关几人还！

士兵：将军，您好像不开心？

将军：孩子，这是你第一次出塞吧！上回我来玉门关的时候，也和你一样的年纪。

此刻，羌笛声起（吹笛人演奏乐器）。

将军：我来到这边塞之地，也是为了守护家乡的人，守护这个国家啊！这声羌笛唤起了我对故乡的思念啊（将军的豪情似乎被激起了）！

士兵：是啊！大家伙，我们加把劲，再行两里！

……

在场景再现之后，教师再让学生讨论、感受，学生对于意象之物的解读慢慢加深，人文内涵慢慢浸润。

3. 流觞曲水，意象追寻

通过意象侵入，加深学生对于诗文的解读。其实，许多经典意象现在也被包含在一些成语、俗语、名言之中，只不过不常提起，不被学生重视而已。古人有流觞曲水之雅兴，教师也可以和学生一起模拟情景，效仿流觞曲水等形式，追寻意象。又如，采用知识竞赛等方式，让学生追寻经典意象，将生活与诗文结合起来。这些活动非常有趣,学生可以将之前学到的诗文中的意象进行归纳和拓展,从而将之前慢慢浸润学习到的知识充分展示出来。在这种方式下,学生的全身感官被充分调动。

“在《闻官军收河南河北》中出现了一个经典意象,这个意象后来被包含在一个成语中,你们知道是什么吗?”“我知道,是‘漫卷诗书’!”一阵热闹的声音从流觞曲水雅会上传出,这是在举行什么活动呢?原来,有两位同学将之前寻找并理解过的诗词做成集锦,并从中挑选了一些诗句中的成语和趣味知识点制作成题库,在活动课上举行诗词大赛。这可把同学们吸引住了,大家纷纷举手要参加。这场活动由郭同学担任主持人,胡同学担任计分人,他们将全班同学分为八个小组进行答题,答对题目最多的小组将获得郭同学提供的奖励。

这一次意象追寻的流觞曲水雅会完全由学生自主设计,将诗文中的经典意象通过知识竞赛的方式进行回忆、追寻。此时,情境模拟式的意象解读不再是个别学生参与,而是全班学生一同进行。这种形式能让学生全身心参与其中,在脑海中回想之前了解到的意象知识,将意象知识与生活联系起来。

通过情境模拟式意象解读,将物象可视化,让学生在其间浸润诗文,意象侵入、深入解读。

第三节　情感侵入,学会表达

在心为志,发言为诗。一首优秀的诗往往包含了诗人深厚的感情,可以与读者之间产生跨越时空的共鸣。在慢语文理念的教学下,还可以通过情感侵入,让学生体会情感,释放情感,学会表达。

一、我欲因之梦吴越——知人论世,以情浸心

我欲因之梦吴越。一梦千年,跨越时空与诗人相聚,用读者之心和诗人

之心相互浸润，体会诗人的感情，加之于本我，同时释放感情。情感侵入的第一步，可以让学生知人论世，以情浸心。

1. 知人论世，探求诗心

要想了解诗人创作经典诗作的背景，探求当年明月之下诗人的情感，同时将其心中之志用现代的语言表达出来，知人论世不可不用。所谓知人论世，既须了解诗人所处的时代背景，又须了解诗人的生平经历，方能将多元化的诗人情感表达出来。

介绍诗文必定绕不开作者，为了让学生能更好地探求诗心，教师可以为学生创设交流表达的平台，在语文课堂上开设聊诗会。教师可以事先让学生查阅自己喜爱的诗人的相关资料，然后在聊诗会上介绍诗人的生平背景，说说其所处的时代背景是怎样的，又是在怎样的情境下写下这首诗的，资料显示这首诗包含了诗人怎样的情愫。学生乐于在聊诗会上闲聊，交流自己知人论世的所得。在这个慢慢分享的过程中，学生一步一步走进不同的诗人的心中，了解其创作诗文之心。

在了解了诗人的情感，以情论诗，交流表达诗中的感情和自己对诗作的感情后，教师可以再创新形式。如，可以和学生一起先梳理同一作者的不同作品，然后知人论世，查找资料，看看在不同的时期诗人经历了什么，为何写下此诗；也可以和学生一起绘制“诗人心路图”，以时间穿插，汇总诗人的所感所思；还可以和学生一起梳理同一时期不同诗人的作品，然后知人论世，和学生一起查阅资料，看看在那个时代背景下，不同的诗人写下了哪些不同的作品，这些作品中有哪些情感的共性和异性，同时绘制“时代背景卷”，汇总相关资料。这个过程是十分有趣的，学生也能在其中找到快乐，为下一步的交流打好基础。

2. 置身情境，交流诗情

情感侵入的第二步，可以让学生置身情境，交流诗情。在知人论世、探求诗心之后，教师还可以让学生置身情境，想象自己所处诗人的时代，抑或自己就成了那千百年前的诗人，想象诗人创作经典作品时的感情，并以此为基础交流。例如,教师在自习课上开展置身情境的“一梦千年”活动,为学生创设情境,营造气氛。学生仿佛穿越千年来到诗人所处的时代,在全班同学面前谈一谈自己“创作”作品时的心境和情感,这种交流是主观的,也是被赋予了深厚感情的。因为这些交流都基于学生前期大量诗文浸润之下和知人论世之后对诗人的了解之上。

在学生设身处地地从诗人角度交流情感之后,还可以谈谈自己对这首诗或者对诗人的看法。这是读者与诗人之间的碰撞,学生在这个过程中交流诗情,个人的口语交际能力和人文素养都能得到提升。

二、生花妙笔纸上显——仿创结合,以情作诗

在学生知人论世、以情浸心并在交流中锻炼口语交际能力之后,教师就可以让学生试着创作诗作。此时,之前的种种浸润在学生心中积累起了厚度和情感,从而将之化作诗篇表达出来。这是一种很好的创作方式,生花妙笔纸上显。

1. 仿续诗作,相得益彰

让学生创作诗作,既是一种对学生表达方式的锻炼,也是慢语文下浸润的好方式。这样的创作对于学生来说有一定的难度,教师可以为学生搭建支架,从仿写和续写入手,将情感化为文字,相得益彰。

(1)提供范例:仿写

学生对于诗文的创作可以从仿写起步。仿写是对经典作品的再次模仿,将一些经典诗文呈现后,让学生试着替换一些词语,仿照着写。如“春风又绿江南岸”一句,这句话好在将春的生机勃勃写活了。若将句式拆分,可以分为“春风”和“江南岸”两样事物,学生可以按此格式仿写,写出“春雨又绿临平地”“黄莺又啼水堤西”等句子。仿写也是快速提高学生作诗水平的一种有效途径。

(2)提供首句:续写

在仿写之后可以逐渐拔高要求,开始续写。续写一般不宜过难,可以先

从五言绝句开始尝试。做法是教师提供首句，学生接着写剩下三句，押韵、平仄等不作过高要求。教师可以从天气、周围环境等入手，让学生带着感情，寻找意象，试着续写。

某日天朗气清，“看窗外天气这么好，老师就以‘天上云朵白’为首句，请同学们看着今天的景色，寻找意象，也可以发挥想象，把这派风景写下去。”学生对此很感兴趣，纷纷呼应，续写出了许多带有个人感情的诗。有想象远处青山风景的田园诗，“天上云朵白，草泥花中埋。青山雾中罩，田中秋烧麦”；有描写荷花的写景诗，“天上云朵白，石间青苔绿。叶下停雨露，小荷曲奇开”；还有引用名句的诗，“天上云朵白，地上万丈来。千封瀼于水，梨树满盛开”。

在仿写和续写中，学生融入了自己的情感，写出了优秀的诗作，提高了表达技能，掌握了相应的语言文字运用能力。

2. 自由创作，表情达意

在仿续结合之后，教师可以进一步放手，让学生试着自由创作、自由发挥，将学过的表达方式加以运用，写成诗作。教师可以提供一定的支架，如创设一些活动——春游、打雪仗，学生融入感情，写成诗作；提供一些图画——一年四季的变化等，给出具物，调动学生的诗感。这些创作是学生心中最纯真的呼唤，也最能表达学生内心的情感。

三、此曲只应天上有——多元评价，以情评点

在尝试交流、创作诗文之后，还需要学会评价。此曲只应天上有，多元评价，以情评点学生创作的诗文，也能够慢慢浸润诗意，让学生通过评价学会表达。

1. 扶放结合，同学互评

通过多种方式评价学生创作的诗文，可以逐步提高学生对诗文的品析，同时慢慢培养学生的鉴赏能力和表达能力。如，开展评诗会，让全班学生对各自创作的诗文进行多种方式的评价，并将评价写下来，张贴在教室内。

(1)小组间:组内互评

学生是诗文创作的主体,对于诗文有着最直观的感受。教师可先让学生在小组之间点评,学生互相传阅自己的作品,可以整体读、逐句读,也可以大声读,对作品进行整体把握。读完后再评价他人的创作,要求每名学生在拿到的作品上写下一句评语,格式是"我欣赏/不欣赏这首诗,因为……",从而充分调动学生的思维,让其高度概括评价,表达自己最真实的情感。此外,以小组为单位评价诗作,一来作品数量较少,二来互相熟悉,使得评价语的形式可以通用。

(2)班级间:交叉换评

在以小组为单位评价过后,再由扶到放,让学生自主开展班级间的交叉换评。学生自由组织,让每名学生随机评价另一名学生的诗作。评价的标准由全班学生商量后决定。评价单的制定如下:学生根据评价标准,为拿到的诗作打上星级,当一回"小老师"。

在这一评价过程中,学生还能提高自身的创作水平和表达能力。

2. 情感渗透,教师终评

对于诗作的评价最终还是要回到师生之间。教师收集整理学生的诗作和评价单,进行最终评价。针对这些诗作的评价不以星级、等级而论,而以鼓励为主,渗透情感。教师对一般的诗作可以写上"不错""加油"等鼓励性的评价语,对于优秀诗作则可以大加赞赏,并在"诗会榜"上张贴等。

第七章

慢语文理念下的整本书教学策略

第一节　在图文互现中赏书

《新课标》中对整本书阅读的学习内容是按照学段来划分的。其中，第一学段的整本书包括图画书、儿歌集、童话书等，重视富有童趣的和学生喜欢的，在阅读目标中提出“借助读物中的图画阅读”。绘本是由图画文本和文字文本共同构成的，是一种图文并茂的书籍形式。绘本的图文信息丰富、贴近生活实际、探究空间大、教学组织弹性大，是用来开展小学第一学段整本书阅读很好的素材。

佩里·诺德曼和梅维丝·雷默认为，一本绘本里至少包含三种故事：一种是文字讲述的故事，一种是图画暗示的故事，还有一种就是文字与图画相结合而产生的故事。[①] 因此，在进行绘本阅读时，教师不能仅从文字出发，还要关注在图文互现中激发阅读兴趣、丰盈阅读厚度、实现读写联动，从而让学生真正享受阅读绘本的乐趣。

一、在图文互现中激发兴趣

对于一、二年级的学生来说，快乐是其阅读和学习的重要动力。绘本因

① 诺德曼，雷默．儿童文学的乐趣[M]．陈中美，译．上海：少年儿童出版社，2008．

其图文并茂,常常能给学生带来快乐的感觉,且字数不多的文字表达也让他们读起来倍感轻松。然而,仅仅依靠绘本的简单与轻松,对于兴趣的激发和维持是远远不够的。整本书阅读还需要关注读前、读中、读后的时机,精心选点,让绘本阅读真正成为绘本"悦"读。

1. 读前:选准陌生点,趣味导读

陌生化教学指的是通过巧妙的设计和处理,使人们熟悉的事物变得陌生,从而重新激发人们探索周围事物的兴趣,并且从中获得新的经验和认知。将陌生化教学理论应用于绘本教学,其作用体现在它能激发学生的学习兴趣和热情。因此,在阅读绘本前,可以选准学生的陌生点,开展趣味导读活动。

如在开展绘本《生气汤》的导读课时,可以在开课伊始,利用绘本封面独特的设计来激发学生的阅读期待。

教师夸张地板书巨大的"汤"字

师:谁认识这个字?怎么记住这个字?说说你喝过什么汤,味道如何。

生:我喝过冰冻绿豆汤,凉凉的,甜甜的。

生:我喝过红豆汤,软软的,香香的。

教师改写板书"汤",用力把其中的一些笔画改为锯齿形。

师:看了黑板上的这个"汤"字,你有什么感觉?

生:这个"汤"像鲨鱼的牙齿,很可怕。

生:这个"汤"让我觉得很害怕。

生:我觉得这个"汤"字就像一只魔爪伸向我。

师(神秘地):今天老师给同学们喝一种很特别的汤——生气汤!

师:你们说老师用什么颜色来写"生气"这两个字好呢?为什么?

生:用红色来写好,因为生气时火冒三丈的。

生:用红色来写好,因为我生气时脸涨得红红的。

教师用红色板书"生气"二字。

师:猜猜看,这是一锅怎样的汤?

生：这是一锅难喝的汤。

生：这是一锅很辣的汤。

生：这是一锅喝了不生气的汤。

师：那这究竟是一锅怎样的汤呢？让我们一起走进绘本《生气汤》吧！

“汤”字大多数学生都认识，然而锯齿形的“汤”字对于学生来说却是陌生点，以此引发学生的阅读期待。阅读期待是一种迫切求知的心理状态，是通过生气汤这一悬念的制造，激起学生的探究欲望。学生对于这个陌生、奇怪的字的猜测与思考由此开始，这也标志着学生阅读思维活动的开启。教师精心设计的询问、猜测、期待的过程，成为阅读活动得以自主、自由进行的内驱力。

2. 读中：选准转折点，趣味猜读

绘本的图文内容看似简单易懂，却也情节生动。正所谓“文似看山不喜平”，好的绘本往往具有扣人心弦的故事，或出人意料，或一波三折。可以让学生与绘本互动，在大胆猜测与验证猜测的过程中，继续文本阅读，从而使得这些转折点成为维持学生阅读兴趣很好的素材。

在《狼大叔的红焖鸡》这一故事中，狼大叔来到母鸡家准备抓走母鸡，就是一个转折点。对于最出人意料的内容，可以隐去原文，让学生猜测。据此，教师设计了如下题目：门突然打开了，母鸡大声尖叫起来：__________________。学生借助生活经验猜测，大多数学生都会认为母鸡会说“孩子们快跑”之类惊恐害怕的语句。此时，教师可以呈现原文：“孩子们，孩子们！快来看，煎饼、甜甜圈和那个甜蜜的大蛋糕——不是圣诞老人送的！这些都是狼大叔送给你们的礼物！”教师也可以呈现画着大蛋糕和母鸡惊喜神情的图画，让学生验证猜测。这样意料之外的图文让学生都惊呆了，转而思考——母鸡为什么这么说？这就是一个转折点，让学生在猜测、与原文比照的过程中获得持续阅读的动力。

3. 读后：选准兴趣点，延伸拓读

《新课标》对第一学段课外阅读总量的要求是“不少于 5 万字”。由此可见,整本书阅读教学应重在培养学生的阅读习惯和保持阅读兴趣。对于阅读兴趣,不仅仅在读前、读中,读后也可以激发学生重读的兴趣。兴趣点是指学生看了还想看的画面、读了还想读的情节。教师应顺应学生的兴趣点,适当地对绘本进行拓展延伸式阅读,从而形成一本带一本、一本带多本的联读模式。

《克里克塔》是一本特别有意思的绘本,作者是法国的汤米·温格尔。他经常把那些所谓的"负面人物"或大家不太喜欢的形象作为其作品的主人公,塑造出个性独特、富有魅力的绘本明星。蛇在人们的印象中常常是可怕阴森的,温格尔却改变了蛇在人们心中的形象,将其作品中的蛇变成可爱、聪明、善良、温暖的形象。教师可以在学生读完《克里克塔》后,推荐学生阅读关于蛇的绘本《好饿的小蛇》《小蛇散步》《森林里的聚会》《蛇偷吃了我的蛋》等,并交流这些绘本中的蛇的形象,拓展学生的阅读视野。

二、在图文互现中丰盈厚度

整本书阅读教学的总目标是提升学生的阅读素养。何谓阅读素养?PISA(国际学生评估项目)站在学生终身发展的视角给出了定义:为了实现个人的发展目标,增长知识,发展潜力,以及为了参与社会生活而有效寻求信息,理解、使用和反思书面文本的能力。① 在班级共读中,教师可以构建多样化的阅读支架,培养学生提取信息、推断解释、评价反思等关键能力,从而让学生会读书、"慧"读书,在整本书阅读过程中厚植阅读素养。

1. 在关注细节中,读出厚度

绘本由于其本身图文结合的形式,往往会在人不注意之处隐含一些小细节。这些细节能够培养学生的观察能力,也能给学生提供发现的快乐。教师可以引导学生抓住图文细节,联系生活,真正读懂绘本故事。

在《大卫,不可以》绘本阅读中,教师可以出示泥巴事件图画,引导学生

---

① 孟晖.PISA阅读素养评价及其启示[J].语文建设,2012(19):67-69.

仔细观察,学生很快就会发现大卫把自己和家里弄得很脏体现在许多细节上。比如,大卫脸上除了泥巴之外,甚至还有一条泥巴里的蚯蚓;大卫头上顶着一个脏兮兮的蘑菇,他的脚上粘满了草。学生抓住了大卫的外貌细节,读出了大卫的调皮贪玩。在此基础上,教师可以再出示一张图画,即看不见大卫妈妈脸的图画,引导学生再次抓住细节猜测妈妈此时的心情。学生从"妈妈两只手紧紧握成了拳头""手放在了腰上""无处下脚而脚尖点地"等动作细节中猜测出妈妈很生气。

2. *在对比阅读中,读出厚度*

乌申斯基认为,"比较是一切认识和思考的基础,我们可以通过比较来了解世界上的一切"①。比较也是语文阅读教学中常常用到的方式,文字可以作为比较的素材,绘本图画同样可以用于比较。学生通过比较、对照,能够更加容易地发现两者之间的异同,从而在差异中引发深入的思考,使得自己的理解与感悟更加充分、深刻。

以《狼大叔的红焖鸡》这一绘本故事为例,绘本图画中狼大叔的前后表现就很不一样。学生在两张图画的对比阅读中,很容易就能发现:在前图中,狼大叔看起来奸诈邪恶,他蹑手蹑脚地跟着母鸡,一心想着要饱餐一顿、大快朵颐;而在后图中,他却是一副羞红了脸的模样,只见他把脚往里面缩起来,双爪也放在了身后,怕弄伤娇嫩的小鸡们,不仅如此,他还允许小鸡们对自己又亲又抱,这幅画面既温馨又动人。这样的对比可以引导学生更仔细地阅读图画,从而更深入地理解人物形象。由此,引发学生的思考:为什么狼大叔的形象前后如此不同?学生在质疑中回顾已读文本,探究发现:狼大叔本来是想吃了母鸡一家的,可是因为母鸡一家十分善良,对狼大叔很好,所以狼大叔也就觉得自己想吃他们是一件有罪恶感的事,于是决定和母鸡一家成为朋友。学生在发现、思考中读出了作品的主旨:人与人的相处和

---

① 乌申斯基.人是教育的对象——教育人类学初探 上卷[M].郑文樾,译.北京:人民教育出版社,2004.

交往要用真心,这个世界充满爱。整个阅读、发现的过程是自然流畅的,学生也在对比阅读中读出了绘本的厚度。

三、在图文互现中创意读写

《新课标》在发展型学习任务群中提出了“文学阅读与创意表达”学习任务群,“旨在引导学生在语文实践活动中,通过整体感知、联想想象,感受文学语言和形象的独特魅力,获得个性化的审美体验”。绘本的“文学阅读与创意表达”,以阅读为主,适当尝试表达。表达也可分为口头表达、书面表达和图画创作。

1. 口头表达,让绘本出“声”

朱自强在《小学语文文学教育》一文中指出:“通过语言的‘发声喊叫’去体味、理解语言,是获得对文学语言语感的有效方法,而这一方法对儿童而言则更具有根本性。”[①]绘本中处处都有“发声喊叫”的机会,只要教师善于挖掘,就会为学生开辟口头表达和感悟语言的广阔空间。

如在《可爱的鼠小弟:鼠小弟的又一件小背心》第三幅图画的创作中,有以下几个环节。

鼠小妹是怎么碰上小鸭子的(根据想象说一说)?

小鸭子是怎么借到小背心的(演一演小鸭子和鼠小妹的对话)?

小鸭子穿上小背心后就去游泳了,你知道他是怎么游的吗(想象说话,并读一读教师事先准备好的一段描写鸭子游水的精彩段落)?

鼠小妹发现小背心被弄坏后有什么表现(教师演,学生说)?

看来让绘本发“声”的方式有很多,可以说、可以演、可以读……既可以让这些方式交替进行,也可以把这些方式融合在一起。不论哪种让绘本发“声”的方式,出发点都是一样的,那就是让学生在有趣的故事情境中学会表达、乐于表达、善于表达。不论哪种让绘本发“声”的方式,出来的都不仅仅

---

① 朱自强.小学语文文学教育[M].长春:东北师范大学出版社,2001.

是声音,还有学生的快乐、自信,以及语言、观察、想象、思维能力的飞跃。

2. 图画创作,为绘本着"色"

图画是绘本中尤为重要的一部分,因为它能表达绘本文字所没有表达的内容,有一种只可意会不可言传的效果。在进行绘本创作时,学生往往会通过已有的图画产生各种各样的联想,从而进行文字的二度创作。但是,可以进行二度创作的绝不只有文字,特别是对于一、二年级的学生来说,识字写字的量还不足以支撑其完整的文字表达。此时,可以让学生丰富或改编原有的图画,使得图画也充满了创作的感觉。

比如在创作《可爱的鼠小弟:鼠小弟的又一件小背心》的结尾时,有名学生就对原有的图画作了改编,不仅用画笔加上了故事发生的地点,还把鼠小妹家画得特别有女孩子味,红色的墙壁上布满了各种各样的装饰品。更有意思的是,那站在门口的鼠小弟,嘴张得老大,一脸的不解。

绘本图画的二度创作,创作的可不仅仅是图画,创作中折射出的是学生对绘本的独特感悟,是学生独特的生活经历、已有的阅读积累。一个个想象的情节在学生的笔下被形象化、具体化,让绘本创作充满了快乐的感觉、生活的色彩,也为绘本图文的完美融合涂上了一层更加和谐的色调。

3. 文字表达,为绘本添"趣"

绘本本身就是非常有趣的,故事情节、文字表达、图画描绘等处处透露出幽默和风趣,深深吸引了学生的眼球。绘本一般由三种故事组成:文字表达的故事、图画描绘的故事、读者阅读中自己建构的故事。因此,尊重学生的个性化表达十分重要。此外,绘本提供的大量想象和创作的空间更让它趣上加趣:一种发自内心的创作兴趣,一份个性表达的童真童趣,还有一个个不同创作散发出的独特情趣。

如《可爱的鼠小弟:鼠小弟的又一件小背心》开篇的创作中就有三个不同的版本。

版本 1

鼠小弟原来有一件小背心,大象把他的小背心借去穿,结果穿破了。大象怪不好意思的,他又到动物百货商店给鼠小弟买了一件,还向鼠小弟道了歉呢!从此,鼠小弟又有了一件小背心。

版本 2

鼠小弟原来有一件小背心,大象把他的小背心借去穿,结果穿破了,鼠小弟伤心极了。

在鼠小弟生日那天,妈妈让鼠小弟闭上眼睛,要给鼠小弟一个惊喜,她悄悄地把一件漂亮的小背心穿在了鼠小弟的身上。原来,妈妈见鼠小弟的小背心破了,又给鼠小弟织了一件。

版本 3

鼠小弟的妈妈给鼠小弟织了一件小背心,可漂亮了。大象见了很羡慕,就向鼠小弟借小背心。鼠小弟把背心借给了大象,大象刚一穿上,小背心就断了线。鼠小弟见小背心破了,怕妈妈骂他,于是他偷偷地找了住在森林另一边的姐姐,让她帮忙织了一件一模一样的。

给学生一个创作的舞台,学生就会还你一片别样的精彩。在绘本的世界里,学生自由地想象、自由地表达、无拘无束地创作,时时处处都能彰显自己的个性。由绘本本身产生的"趣"一下子变成了学生内心的"趣":那是兴趣盎然,是妙趣横生,更是别有情趣。

第二节　在班级共读中聊书

小学第二学段如何引导学生有质量地进行整本书阅读?在班级共读中,"聊书"可以被视作一种有效的阅读指导或推进方式。聊,顾名思义,指向的是一种类似聊天般的轻松的、惬意的氛围。营造这样的氛围,是为了让学生真正爱上阅读,而不是将阅读视作作业、包袱。但"聊书"的话题并不是随意的,而是需要教师根据书籍特点和班级进行精心设计,从而组织师生共读、生生共读。

我以为,可以以激趣为主的"悦"读、以深度思考为主的"慧"读、以多维延展为主的“拓”读三种方式激发学生内需，培养关键能力、拓宽阅读空间，从而引领学生进行有效的整本书阅读。

一、激发内需“悦”读，培养阅读兴趣

威廉·赫德·克伯屈指出，要让学生具有通读并反复阅读的内部动力，确切地说，就是对阅读某本书的兴趣。[①]“快乐读书吧”这一栏目的设置强调“快乐”二字，如何做到快乐读书？阅读兴趣是重要基础，有了阅读兴趣，才能让阅读成为“悦”读。整本书阅读根据不同阶段，一般可分为读前导读课、读中推进课、读后交流课等三种课型。导读课重在激发学生阅读整本书的兴趣，推进课重在维持学生持续阅读的兴趣，交流课则重在交流阅读经验、分享阅读心得，从而在分享中爱上阅读。

1. 读前导读课：激发阅读兴趣

当学生拿到一本新书时，随手翻阅，也许会对封面设计有新鲜感，也许会对书名产生兴趣，也许会对里面的图画十分好奇……因此，在导读课上“聊书”可以更加的轻松、开放。

教师可以从多个角度激发学生的阅读兴趣和阅读热情，将“要我读”转化为自主的“我要读”。

以《十万个为什么》为例，其书名本身就是一个充满好奇心的问题。书里真的有十万个问号吗？这个书名也有出处，它来自诺贝尔文学奖获得者英国作家卢·吉卜林的名言：“五千个哪里，七千个怎样，十万个为什么。”《十万个为什么》还有另外一个名字——《屋内旅行记》，为什么会如此取名？引发了学生的好奇和探究。为此，我们可以引导学生关注图书的目录。图书的目录围绕“屋内旅行记”由许多个有趣的站名组成，可以此创设情境，让学生自主选择感兴趣的一站进行旅行。由此，以多种方式引发学生的阅读期待。

---

① 克伯屈. 教学方法原理[M]. 王建新，译. 北就：人民教育出版社，1991.

2. 读中推进课:维持持续阅读的兴趣

读中推进课是班级共读中的一个重要环节,其作用是承前启后,旨在了解学生阅读状况、交流阅读收获、激发持续阅读的兴趣。《十万个为什么》等科普类作品往往是知识性与文学性并重的。此类作品的推进课,可以通过知识竞赛的方式让学生回顾已读部分,检测学生的阅读效果,并在比赛中调动学生参与交流的热情。同时,还可以让学生分享阅读过程中的困惑,在互助解答中答疑解惑。此外,为了推进阅读,教师可以在此基础上设计驱动型任务。比如"阅读小侦探"之"真相大发布",小组自选一篇文章阅读,在猜测、整理知识、提出新的疑问的过程中合作探究,开展科学真相的阶段性阅读成果交流汇报。由此,可以让学生充分感受作品的趣味性和知识性,激发他们深入阅读的内驱力,为后面的持续阅读打下基础。

3. 读后交流课:在分享中爱上阅读

读后交流课往往通过读书笔记、读书报告会、读书分享会等方式交流全书信息、展示阅读成果,旨在让学生在分享中爱上阅读。这样的交流需要遵循"儿童本位""兴趣第一"等原则,让学生在课堂上畅所欲言,学生未必一定需要整本书咬文嚼字般地精读,允许学生在阅读的某些点上"不求甚解",在自己感兴趣的点上深入阅读,选择感兴趣的点进行交流,并且交流应当在轻松、自由的氛围中进行。

整本书阅读的完成不代表阅读的结束,可能更是对类似书籍的兴趣的生发。比如在学生读完《夏洛的网》后,教师可以指导学生延伸阅读 E. B. 怀特的另外两部童话名作《精灵鼠小弟》和《吹小号的天鹅》。有意思的是,这三本书都由翻译家任溶溶担任译者。教师可以向学生介绍这位翻译家,激发学生持续阅读的兴趣,在"1+X"的联读中让学生养成热爱阅读的习惯。

二、借助支架"慧"读,培养关键能力

在班级共读中,可以构建多样化的阅读支架,培养学生提取和整合信息的能力、推断和解释信息的能力、评价和反思信息的能力,从而让学生"会"

读书、“慧”读书，在整本书阅读的过程中厚植阅读素养。

1. 培养提取和整合信息的能力

整本书提供的信息是丰富的。对于学生来说，对信息进行提取和梳理显得重要且必要。在设计此类支架时，可以使用图表式支架，也可以使用学习单、问题式支架，帮助学生提取、整理信息，从而对整本书有一个完整的了解。

统编版小学语文四年级上册“快乐读书吧”栏目的推荐书目《中国古代神话故事》是由数十则神话故事汇编而成的。对于四年级的学生来说，分别概括梳理每一则故事的起因、经过、结果的难度不大。也正因如此，学生在阅读此类合集式书籍时往往呈现出“散点式”阅读，即分别阅读每一则小故事。但同时也要对整本书的架构与神话故事的总体情况有所了解，这恰恰也是此类合集式书籍阅读的难点。因此，我设计了以下《中国神话故事》阅读单(见表1)。

表1　《中国古代神话故事》阅读单

时期	神话故事	人物	事件	神奇之处	我的发现
创世时期					
三皇五帝					
夏商周秦					

阅读单的第一次使用是横向提取神话故事的信息，从中发现各个时期神话故事的不同特点。学生发现创世时期，《女娲补天》《盘古开天地》等神话的特点是“从无到有”；三皇五帝时期，神话故事的特点是“改造自然”；夏商周秦时期，神话故事的特点是“走向文明”。

阅读单的第二次使用是纵向梳理神话故事的信息，从中发现神话故事在时间上的不同特点。学生发现神话故事在时间上离我们越远，神奇之处就越大、越强；在时间上离我们越近，神奇之处就越小、越弱。由此，学生挖掘出了神话在传承过程中表达的百姓愿望，即人们依靠自己的不断努力，不断追求美好生活。

在阅读单的两次使用中,学生从交流和讨论中提取信息、梳理信息,以此培养学生的信息提取与整合能力,提升学生的阅读素养。

2. 培养推断和解释信息的能力

长篇小说的故事情节是层层推进、缺一不可的,这就需要学生在阅读时能够用好文本,并且对文本中的相关信息作出合理解释,或者推断、预测故事的发展,得出结论。教师可采用统编版小学语文三年级上册的"预测"策略,在整本书阅读的过程中培养学生推断解释信息的能力。

统编版小学语文三年级上册"快乐读书吧"栏目的推荐图书《稻草人》,内含许多扣人心弦的情节。比如在"稻田里来了稻子的仇敌小蛾,稻草人努力驱赶小蛾"这一部分,学生往往迫切地想知道,稻草人能不能为老妇人守住稻田?由此,教师可以让学生大胆预测,并且在文中找出依据。有的学生依据"他手里的扇子摇动起来。可是扇子的风很有限,不能够叫小蛾害怕。那小蛾飞了一会儿,落在一片稻叶上,简直像不觉得稻草人在那里驱逐似的"预测稻草人赶不走小蛾,稻田应该是守不住了。有的学生依据"他想到主人伤心的样子"预测他不忍心让老妇人颗粒无收,一定努力把小蛾驱赶走。预测之后,学生继续阅读童话,验证预测结果。稻草人除了看见小蛾破坏稻田这件事情之外,还看见了许多事情。引导学生根据文章中的已知内容,抓住细节预测情节,并说出自己的理解和推断。

边读边预测,顺着故事情节猜想,能够让阅读更加有趣。此外,预测能让学生读得更仔细、更注重细节、更喜欢预测故事的发展。这是对统编版小学语文三年级上册第四单元"预测"策略的迁移运用,同时也能进一步激发学生的预测兴趣,使其产生主动阅读的愿望。

3. 培养评价和反思信息的能力

在阅读一本书时,每个人都会对书中的信息作出处理,读出自己的感受。教师在学生整本书阅读中要引导学生对书的价值、主题、结构、表达等方面作出判断、评价和欣赏,推进学生的深度阅读。

在《夏洛的网》中，主人公蜘蛛夏洛曾这样说："一只蜘蛛，一生只忙着捕捉和吃苍蝇是毫无意义的，通过帮助你，也许可以提升一点我生命的价值。谁都知道人活着该做一点有意义的事情。"在整本书阅读指导时，教师可以聚焦此部分，设计问题"你认为夏洛的生命有意义吗?"有人认为"为帮助朋友而牺牲"的生命是有意义的，也有人认为这样以牺牲自己为代价的行为是对自己生命的不尊重。教师可以在展开讨论、充分交流的基础上，先引出《纽约时报书评》："这是一本关于友谊的书，更是一本关于爱与保护、冒险与奇迹、生命与死亡、信任与背叛、快乐与痛苦的书，它几乎是一本完美的、不可思议的杰作。"再引导学生交流：你认为这是一本怎样的书？在对他人的评价进行反思的基础上作出自己的评价，读出深度。

三、运用策略"拓"读，延展阅读空间

在带着兴趣、借助支架读完整本书后，学生还需要将读书策略进行迁移运用，把书读深读透。阅读不能仅仅限于读一本书，还应该将阅读空间延展、阅读视野扩大，可以联结生活世界、同类文本、现实问题，在"拓"读中成为积极主动的阅读者。

1. 联结生活世界的"意义建构"

建构主义学习理论认为，"意义建构"是指学习者根据自己的经验背景，对外部信息进行主动的选择、加工和处理，从而获得自己的意义，获得基于自身的而非他人灌输的对事物的理解。文学既源于生活，又高于生活。基于这一认识，我们可以思考如何将学生的文学阅读与现实生活相联结，从而进一步提升学生的阅读品质。

神话故事的文化扎根在每个中国人的心中，比如中国探月工程月球探测器的名字就来源于《嫦娥奔月》这个神话故事，其是中国人千百年来对梦想不懈追求，并为之不断努力的精神写照。为此，教师设计了如下问题：这样的文化印记，你能够在生活中找到吗？请你以"神话元素＋我的感想"的形式，在我们的生活中寻找神话的文化影响印记。学生找到了 20 世纪八九

十年代红极一时的自行车品牌"凤凰"这一文化印记。凤凰被称为神鸟,是中华精神之鸟,象征天下太平。以此为品牌,是希望大家骑上它一路平安吧！学生还能结合如今流行的新能源汽车,发现有"哪吒"牌汽车,致敬的是"哪吒"勇往直前、自信无畏的精神。

同样地,在阅读《伊索寓言》《中国寓言故事》等含有深刻寓意的故事时,单单"走进文本",读故事谈语言也是不够的,还需要"走出文本",联系生活,进行"意义建构"。教师可以引导学生结合自己的生活、经历,谈谈对某一则寓言故事的理解,使学生真正深入理解,也让阅读空间不仅仅囿于书本文字。

2. 联结同类文本的"深度思考"

比较是语文教学中常用的方法,同类文本的联结比较,可以在不同之处引发学生思考深层次的内容。与此同时,"拓"读同类文本也是为了将学生的阅读实践引向更为广阔的天地。

《稻草人》这个童话围绕一个富有同情心而又无能为力的稻草人的所见所思来展开故事。同样地,《绿野仙踪》这个童话里也有一个稻草人。不少三年级的学生都已阅读过《绿野仙踪》,很容易就会发现两个稻草人之间的不同。莱曼·弗兰克·鲍姆笔下的稻草人是一个会思考、会主动想办法的稻草人。一路上,遇到危险他会挺身而出,遇到困难他会鼓励大家,非常乐观积极。可是,叶圣陶笔下的稻草人是一个充满悲剧色彩的可怜人。他只能用一双眼睛观照可怜的农妇、可怜的渔妇、可怜的自杀者、可怜的鲫鱼,无力改变一切,最终只能"倒在田地中间",与悲剧同眠。在同类文本的联结与比较中,引导学生思考"同样是稻草人,为什么会如此不同?"

由此,让学生尝试收集、查找资料,了解这个童话的写作背景——20 世纪 20 年代,距离现在已经 100 年左右了。当时的中国积贫积弱、风雨飘摇,社会动荡不安,老百姓的生活来源主要依靠田间劳作和庄稼收成。饥饿、贫穷、病魔和死亡常常折磨着普通老百姓。插在田间的稻草人生活在这么一个黑暗的年代,他注定是悲伤的,是可怜的。由此,让学生真正走进文本,读懂文本。

3. 联结现实问题的"创意运用"

与文学作品不同,科普作品的阅读不仅在于指导学生运用多种阅读策略读书,还在于让学生从小沐浴科学知识的光辉,从而激发学生的科学探索精神。因此,此类作品的整本书阅读应引导学生联结现实问题,进行"创意运用"。

统编版小学语文四年级下册"快乐读书吧"栏目推荐了《十万个为什么》《穿过地平线:看看我们的地球》《细菌世界历险记:灰尘的旅行》《爷爷的爷爷哪里来:人类起源的演化过程》等科普书籍,里面的许多内容与我们的生活息息相关。以《十万个为什么》为例,里面许多的问题都来源于生活,比如"为什么和好的面团里放入酵母,面团就会胀起来?""我们为什么要吃肉?""奶为什么要变酸"。这些问题都能够在书本里找到答案。我们不妨将整本书的后记作为联结生活的大任务,引导学生在家继续探秘,学习作者米·伊林的行文风格,将家中探秘的成果进行创意表达。由此,打通阅读与生活的壁垒,在提高学生阅读能力的基础上衍生出更多的能力。

第三节　在思维碰撞中品书

《新课标》在发展型学习任务群中设置了"思辨性阅读与表达"这一学习任务群,在拓展型学习任务群中设置了"整本书阅读"这一学习任务群,两者共同指向学生核心素养的发展。对整本书进行思辨性阅读的要求,也从原来的高中阶段提前至了小学阶段。

整本书阅读内容的丰富性和复杂性,为学生高阶思维的发展创造了丰富的空间,提供了丰富的材料,可以让学生的思辨有据可依。对于五、六年级的学生来说,教师可以针对整本书,精心设计阅读任务——以开放性任务指引全书通读,以思辨性任务促进全书精读,以综合性任务延展思维空间,从而发展学生的阅读素养和思维品质。

一、以开放性任务指引全书通读

在整本书阅读的初读阶段,也就是通读阶段,教师不应提出过多强制性要求,而应充分尊重学生的阅读需求,在此基础上设计开放性阅读任务,指引其通读全书,由此逐步提升学生归纳、概括、质疑等思维能力。教师可以从以下两个方面入手,以整体思维观照整本书阅读:加快阅读速度,培养快速思维能力;加强整体把握,培养整体思维能力。

1. 加快阅读速度,培养快速思维能力

《新课标》在第三学段整本书阅读中提出了"扩展阅读面,课外阅读总量不少于 100 万字"的要求。第三学段的推荐书目往往文字量大、篇幅较长,要达成这一阅读量目标,具备一定的阅读速度是基础条件。对于第三学段的阅读速度,《新课标》也提出了明确要求:默读有一定的速度,默读一般读物每分钟不少于 300 字。阅读速度与思维息息相关,在加快学生阅读速度的同时,还要培养学生快速思维的能力。

统编版小学语文五年级上册安排了"策略"单元,这一单元以"提高阅读速度"为目标,旨在让学生逐步学会精读、略读和浏览,帮助学生在充分的阅读实践中掌握提高阅读速度的方法,并且能够自如运用。在此基础上,统编版小学语文六年级下册"名著阅读"单元安排了精读课文《鲁滨逊漂流记(节选)》。这篇课文由作品梗概和原文片段组成,学生在浏览梗概中了解了作品的大致内容,在整体感知的基础上,再深入阅读原文对应片段,有助于学生进行整本书的概览式阅读,同时也明确了借助作品梗概是一种提高整本书阅读速度的方法。在面对统编版小学语文六年级下册"快乐读书吧"栏目推荐的数十万字的外国名著《鲁滨逊漂流记》时,学生可以运用五年级所学的"集中注意力读""连词成句地读""遇到不懂的词语可以跳读,不回读"这一系列方法,克服外国名著阅读中翻译语言生涩、人物名字冗长等障碍,从而加快阅读速度。此外,借助作品梗概,让方法的迁移运用不仅仅是平面化的,还可以是升级式、迭代型的,从而让整本书阅读真正成为培养学生思维敏捷性与快速思维能力的重要载体。

2. 加强整体把握，培养整体思维能力

整本书阅读与短篇作品阅读很大的不同在于短篇作品重在培养精巧、单纯的思维方式，而整本书阅读重在培养复杂、宏阔的思维方式。因此，在整本书阅读的过程中，整体观照显得重要且必要。学生可以边阅读边思考，加强整体把握、了解故事的发展、明晰人物关系、梳理情节逻辑，从而发展整体思维能力。

以外国名著《爱的教育》为例，在课前阅读调查中，学生多反馈阅读中人物名字大多含有“科”字，显得相似难记，故事情节较多，每一章节的人物主角都不大相同，读着读着容易忘记之前已读的内容。因此，教师设计了开放式阅读任务——绘制思维导图，用自己喜欢的方式对人物和故事情节进行梳理。学生用人物环形图、故事链式图、情节气泡图等多种方式绘制了思维导图。其中，有的学生绘制了人物环形图。第一环根据人物与主人公恩里科的不同关系，分为“家人”“老师”“同学”三类；第二环是这些人物的名字，第三环是与之相关的重要情节；第四环是读完后学生自己对人物形象的感受，从而将人物和情节关联起来。有的学生绘制了故事链式图，将《爱的教育》按照月份编排，基于月份梳理了一个个小故事，对整本书的情节推进有了整体感知。思维导图让思维可视化，从而帮助学生更好地理清人物关系和勾连内容情节，实现了对整本书的整体把握。与此同时，尊重学生的阅读体验，开放性任务也让阅读成果的呈现更加个性化。

二、以思辨性任务促进全书精读

在整本书阅读中发展阅读思维，全书通读是摸爬滚打式的阅读，还需要在此基础上进行精读、细读。《新课标》在课程总目标中指出，学生需要“初步掌握比较、分析、概括、推理等思维方法，辩证地思考问题，有理有据、负责任地表达自己的观点，养成实事求是、崇尚真知的态度”。因此，在文本细读的过程中，可以抓“矛盾冲突处”“理解多元处”“认知陌生点”等设计阅读任务,引发学生深入思考与阅读,从而发展审辨式思维。

1. 抓“矛盾冲突处”促思辨

结构主义理论代表皮亚杰在其“认知结构说”中指出,“学习是从一个低水平的认知平衡到产生冲突,在不断的冲突与平衡中,又达到一个高水平的新的认知平衡阶段”①。我们也可以这样理解——认知冲突是促进学生思维发展的重要因素。在整本书精读的过程中,学生会发现文本仿佛有许多“不合理”的地方,即文本的“矛盾冲突处”。看似不合理,实则很可能是作者的匠心独运。教师可以抓住此类冲突,设计思辨性学习任务,引发学生深层次的思考。

在《小英雄雨来》的整本书阅读过程中,对于雨来送鸡毛信这一情节,作者先是写小英雄雨来义无反顾送信的果断与勇敢,但后面用了很多笔墨写雨来在寒冷旷野中的害怕。勇敢与胆小是一处矛盾冲突,这里可以设计“写英雄的胆小,是不是与前文中他的勇敢相矛盾”这一问题引发学生的思辨。同样地,整本书既然名为《小英雄雨来》,主要写的自然是雨来的“英雄事迹”,为什么作者还要写雨来“不听妈妈的话”“与狗不理打架”这样顽皮的事呢?这里,“小英雄的伟大事迹”与“熊孩子的顽皮事迹”又是一处矛盾冲突。学生在思考、讨论、辨析中发现这些看似矛盾的情节,其实正是作者的精巧安排。这样的安排更能够体现雨来成长的不易,也更能够增添虚构小说的真实可读性。学生在质疑、探究的过程中,不断思考为什么会有这样的矛盾,作者这样写的目的是什么。由此,可以激发学生细读整本书的好奇心与求知欲,从作品内在的“故事”上升到“文学”的角度,从文本理解的阶段上升到批判性、审辨性理解的阶段,从而促使其思维的深度发展。

2. 抓“理解多元处”促思辨

正所谓“一千个读者就有一千个哈姆雷特”,对于文学作品的解读和评价可以是多元的。《新课标》对于“整本书阅读”这一学习任务群也提出了具

① 皮亚杰.结构主义[M].倪连生,王琳,译.北京:商务印务书馆,1984.

体的教学提示：善于发现、保护和支持学生阅读中的独到见解。这样的独到见解正是基于作品可以有多元理解之处。抓“理解多元处”促思辨，可以发展学生思维的批判性，其对应的是美国教育心理学家布鲁姆分类目标中的评价。此类评价可以是对人物形象的评价、对作品主题的理解、对文本表达的鉴赏等。

五、六年级的阅读推荐书目多以长篇小说为主，小说中的人物形象往往是立体的圆形人物，多元解读人物形象，是学生个性化阅读的表现。引导学生多元、立体地感受人物形象，能激发学生探究、表达的欲望，营造良好的思辨学习氛围，促进学生思辨能力的提高。统编版小学语文五年级下册“快乐读书吧”栏目推荐图书《水浒传》，塑造了100多个丰满立体的人物形象。即使是同类性格的人物，也有着不同的精神特质。如同为粗鲁的性格，鲁智深的粗鲁是因为他性情急躁，史进的粗鲁则是年少轻狂的表现。因此，可以采用阅读单的形式，比较人物形象，从多个角度分析人物的性格特点。比如，“天魁星”宋江就是一个拥有多重性格的人物，他的性格中有孝、义、忠、智的正统一面，也有临事退缩、爱财如命的一面。教师可以韦恩图为抓手，引发学生多维思考和探讨，从而提升其思维张力。

3. 抓“认知陌生点”促思辨

陌生化由什克洛夫斯基提出，原本是一种文学理论。而陌生化教学主要是指教师改变原有以思维定式为主导的教学模式，化熟为生，在求新、求异、求变中，将教学内容以“全新”“未知”的方式呈现在学生面前，从而激发学生的好奇心与求知欲，引导其以新思维投入学习。在名著阅读中，教师可以抓住学生的“认知陌生点”设计学习任务，生发其思辨的兴趣。

统编版小学语文五年级下册“快乐读书吧”栏目的推荐图书《西游记》作为一部家喻户晓的经典名著，学生可能早已通过连环画、动画片、电视剧等形式对其有了了解，甚至也能对其中不少故事津津乐道。但是对于原著版本，很多学生没有阅读过，对其中人物形象的理解和故事细节的解读多是扁平化、刻板化的，并且存在许多盲区。这样的“未知”可以成为学生思辨的

"认知陌生点",激发其深入阅读、探究思辨的兴趣。就孙悟空的形象而言,大多数学生的印象是"帅气威猛""勇敢机智",然而原著中对其外貌的描写却是"身躯鄙猥,面容羸瘦,不满四尺",像个"骷髅的病鬼"。这是学生的"认知陌生点",可以此为切入点设计如下阅读单。

《西游记》阅读单

原著中孙悟空有多个名字,其中我们所熟知的一个就是"美猴王"。美有许多种体现,比如外表美、内在美,可是有人说根据原著对孙悟空的描写,他的外表不美,很多行为也不够美。如果你以"美猴王到底美不美"为辩题,组织一场辩论会,你会支持哪种观点?

我支持的观点:____________________

我找到的依据:____

由此,学生带着对"陌生"的好奇和任务再细读原著,开展思辨。

三、以综合性任务拓展思维空间

在精读整本书后,学生对作品有了比较深入的思考和把握。在此基础上,教师可以设计综合性任务,以此拓展学生的思维空间,使其阅读不局限于书本。此类综合性任务,可以采用项目化学习的形式进行,这既是对整本书阅读的内容回顾,又是拓展学生思辨能力的综合性探究。

1. 任务驱动,拓展思维空间

项目化学习是一种综合性学习,教师可以做阅读任务的顶层设计与规划,根据语文学科的核心素养,将整本书阅读设计为项目化任务。项目化任务可以是一个大任务和多个子任务。学生根据兴趣和要求对不同项目进行小组合作式探究,从而联系生活,深入阅读书本,不断拓展思维空间。

以《爱的教育》为例,这本书作为一本学生熟悉的日记体形式的小说,记录了发生在主人公恩里科身上及其身边的温暖感人的小故事。其中,有父母之爱、师生之爱、同学之爱。这些爱虽然不是感天动地，却也显得真实而令人动容。这与六年级学生的生活是相近的，学生读恩里科的故事，仿佛也在阅读属于自己的爱的故事。加之六年级是小学生活的最后一年，学生即将告别母校、告别朝夕相处的老师与同学，这六年的时光也有属于自己的爱的故事。因此，基于通读和精读，对《爱的教育》整本书阅读的综合性任务可以设计为“创编我们班的《爱的教育》”这一大任务。在这一大任务下，又可以设计多个子任务。一是“《爱的教育》编辑社征求创编建议”，有的学生提出按时间顺序编排，有的学生提出按画面定格编排。二是“百变角色，记录爱的故事”，在此项任务中设计三项可供选择的小任务——“我是摄影师：用相机捕捉爱的瞬间”“我是小作家：用笔记录爱的瞬间”“我是小画家：用画笔画下爱的瞬间”，学生可以是用照片、绘画、文字的形式记录定格的内容。完成素材收集后，学生可以进行最后一项任务“我是小编辑：创意排版爱的班刊”。

2. 班级展示，呈现项目成果

《新课标》指出：应关注整本书阅读和跨学科学习的阶段性评价，采用读书笔记、读书报告会、读书分享会等形式引导学生高质量完成整本书阅读。在阶段性评价的基础上，对于阅读成果的展示往往以“阅读批注”“读书小报”等静态的展示方式居多，显得枯燥无趣。与之相反，动态阅读引导学生通过多样性的活动任务进行深入阅读。此类阅读的呈现方式，能够调动学生的积极性，并让学生互动起来。

就“创编我们班的《爱的教育》”项目而言，阶段性评价可以是项目每个阶段的生生互评、教师评价和家长评价。就项目的成果评价而言，可以采取“班级《爱的教育》新书发布会”的形式，邀请父母、教师、同学都参与进来。这就需要完成多项综合性任务，比如新书发布会地点的选择、发布会现场适切的环境布置、发布会的流程安排、现场招待、会后整理等。以发布会现场“新书介绍”为例，可以将照片做成视频进行播放，可以安排学生对其中感人的描写进行朗读，可以邀请编辑介绍排版中的图画，还可以安排学生以类似课本剧的形式对其中的故事进行演绎。这样就能让学生置身于更开放的阅读场域,学生可以联系生活,可以在互动交流中呈现阅读成果,打开阅读思维。运用班级读书会的形式,让学生的阅读不仅仅限于读过的名著,还可以多主体参与,多种能力调动,让阅读成果的呈现更加丰富有趣。

第八章

慢语文:语文教学的内在超越

回归本真是慢语文的理念基础,内在超越则是慢语文的最终理想。语文教学基于语文学科特点,要在其基础上有所超越。有些教师会质疑——回归与超越是两个对立的事物,同时置于语文课堂上真的能够实现吗?两者真的能够统一起来吗?

第一节 慢语文:为生长而教

生长本来是生物学中的一个概念,它是指生物个体的长度与重量的增长。在自然界中常常能看到生长的现象,如树苗长成参天大树,花蕊鲜艳绽放等。由此引申至教育,教育的目的也是助力学生的生长。

个体的生长有着内在的规律,它并非一蹴而就,也并非缓慢前进。只有真正掌握学生身心发展的规律和特点,才能因材施教,发挥教育的真正价值。慢语文所倡导的就是遵循学生的发展规律和特点,实现教育的目标。

一、以生为本的课堂,让生长自然释放

我们常常能在教学中看到包办的现象。何为包办?即教师管牢一切:一节 40 分钟的课,教师要从头讲到尾,不给学生发言的机会;教学时,教师滔滔不绝,学生只有聆听;习作时,教师定好思路,学生只能遵从。包办的课堂使学生的主体地位从教学活动中消失,学生的身心成长也就无从谈起。

没有学生的参与、投入,这样的活动还能叫学习吗?怎么做,才能让学生成为学习的主人?这就要求我们把学习的权利还给学生,也就是把课堂的主体地位还给学生,把思考还给学生,把合作探究还给学生。

以统编版小学语文五年级上册课文《父爱之舟》为例,《父爱之舟》是著名作家、画家吴冠中先生的一篇回忆性记梦散文。作者以梦境为线索,串联了其与父亲在一起的点滴片段,表达了对父亲深深的怀念之情。在这节课的教学之中,教师尊重学生主体,巧妙设置了三次学习指导和说话练习,让学生的生长自然释放。

学习指导一

请同学们默读课文《父爱之舟》。借助工具书解决不认识的生字词,并在阅读课文的基础上,思考完成以下题目。

1. 梳理作者和父亲的点滴片段。

2. 从这些片段当中,你感受到了怎样的感情?

3. 在课后简单写一则读后感,不超过100字。自主学习10分钟后,全班交流,比谁的片段概括准确、情感理解正确、感受真切感人。

学习指导二

再次默读课文,自我剖析、赏析文本。思考《父爱之舟》一文运用了哪些方法来凸显人物情感,并能结合具体的事例进行阐述。自主学习8分钟后,全班交流,比谁的分析更精准、更有道理。

学习指导三

通过全班分享和赏析,同学们更为深入地感受到了课文《父爱之舟》之美——情感之美、写法之美、文字之美。美文需要美读,美文需要用美声来传播、弘扬、表达。请同学们各自再读《父爱之舟》,用心体悟,画出并反复诵读最能感染和打动你的一段文字。3分钟后,比谁能更富有感情地朗诵。

说话练习

同学们,《父爱之舟》一文运用朴实的文字描绘了一幅又一幅感人至深的"父子亲情图",表达了父亲对孩子的舐犊之情,感动了无数中国人。相信在你的生活中,父亲也一定扮演着呵护者、保卫者的角色,你的父亲也一定对你有着至深的爱意。请同学们闭上双眼,尽情回忆、品味你与父亲的至爱深情。4 分钟后,比谁能如吴冠中一样讲出具体事情,同时也能感染其他同学,打动他人。

整堂课,教师一直发挥着引导、启发的作用。教师只给学生指明学习的方向,学生朝着教师指引的方向自主学习。当然,尊重学生的主体地位并不是说说就能够实现的。在课堂教学中,教师还要把时间、空间留足,让学生的生长得到更为自然、全面的释放。

二、以生为本的设计,让生长悄然发生

如果说以生为本的课堂是学生生长的基础,那么教师的自我教学意识便是学生生长的重要前提。学生要生长,教师就必须按照其规律引导、启发。因此,教师在进行教学设计时,也要遵循学生生长的规律。教学前,让学生先学,再根据学生的问题设计教学板块;教学时,根据学生的问题因势利导、循循善诱,这样才能真正解决学生存在的问题,学与教的创新思路才会应运而生。

以教学整本书阅读《俗世奇人》为例,《俗世奇人》是著名作家冯骥才创作的一本小说。全书由 19 个短篇小说连缀构成,各篇文字精短,半文半白,具有浓厚的天津特色,著作风格也接近古典传奇色彩,取话本文学旨趣。书中所讲之事,多以清末民初天津卫贩子的日子为背景,每篇专讲一个传奇人物的生平事迹,资料均收集于长期散播津门的民间传说,人物之独特闻所未闻,故事之精妙令人叹为观止。

某教师在《俗世奇人》整本书阅读的推进课上,充分发挥了学生的主体地位,顺应了学生的自然生长规律。在教学中,该教师设计了三个主要教学环节:了解图书的结构、人物分类阅读以及品味图书背后的文化。在开展这三个教学环节时,教师始终起着引导和启发的作用,让学生的生长自然发生。

在开展“了解图书的结构”这一教学环节时,教师从学生的阅读经验聊起,以创设的某地区春季招聘会为教学情境,让学生向招聘会推荐书中的人物。学生在教师创设的情境下将自己印象深刻的角色一一道出,并说明了推荐的理由。这一教学环节不仅让教师了解了学生的阅读状况,还促使教师因势利导地让学生将内心的感受大胆地表达出来。在聆听与表达的过程中,学生的认知、思维、情感均得到了自然提升。

在开展“人物分类阅读”这一教学环节时,教师借助表格式学习单让学生为书中的人物分类。学生的思维迸出火花,在积极自主的合作探究下,学生的分类方式多样,并能一一道出其分类的依据。有的学生将书中的“酒婆”“甄一口”放在一起,取名为“嗜酒如命”组合;有的学生将“大回”“小达子”放在一起,取名为“身世悲惨”组合;还有的学生将“刷子李”“泥人张”和“燕子李三”放在一起,取名为“技艺高超”组合。教师则扮演引导者的角色,对学生的分类进行鼓励式点评。在这一教学环节,教师从未将自己的意愿强加于学生,而是充分肯定学生的想法,顺应学生的自然生长。

在开展“品味图书背后的文化”这一教学环节时,教师将极富天津特色的方言带入课堂,尊循了学生爱听故事的特点,用方言为学生讲述书中的故事。学生在精彩纷呈的故事中感受到了天津的地域文化,也让自己更加爱看这本书,一举两得,学生内心的生长也在悄然发生。

慢语文主张将课堂还给学生,这是有着深刻意味的。只有将课堂还给学生,学生才能敢于思考、乐于表达,个体的生长才能有释放与实现的空间。

三、以生为本的拓展,让生长枝繁叶茂

慢语文不仅在于一个“慢”字,还可以将“慢”理解为“漫”,意为“漫漫的”“广袤无边的”。语文本身就是一门综合性学科,其背后蕴藏着的文化符号可谓取之不尽用之不竭。慢语文培植学生生长的一大魅力也在于敢于放手让学生在学习理解教材的基础上超越教材,寻求更为丰富的知识,让生长的种子生根发芽。

以统编版小学语文五年级下册课文《猎人海力布》为例。这是一篇民间故事,故事以海力布救助小白蛇—龙宫寻宝贝—获得超能力—勇救众乡亲—化身成石头为线索,塑造了一个经典的舍生取义的民间英雄形象。在教师的引导下,学生的思维激烈碰撞,一个又一个新奇的学习任务喷涌而出。

学习任务一:讲好英雄故事

师:同学们,复述故事是本单元的学习重点。教材在单元最后"语文园地"的"交流平台"板块中告诉我们复述课文的方法,我们不妨运用这样的方法来试着讲一讲这个故事。

学生运用换角度、加态势语等方法练习复述。

师:除了语文书中的方法,复述故事还有哪些好方法呢?你有哪些金点子?

生:老师,这篇课文故事性极强,如果能配上有节奏的音乐讲起来可能更动听。

生:老师,如果能借鉴评书那样的语调,讲起这个故事就会更吸引人。

生:我最喜欢看的就是相声,如果能两个同学一起表演,一捧一逗,那么讲述就不仅更加吸引人,还能让听众的印象更加深刻。

师:同学们的金点子都很棒,不如把你们的方法都试一试,展现出来吧。

学习任务二:寻找英雄之根

师:同学们,猎人海力布并非一个人,他象征着我们中华民族无数勇于奉献、甘为人梯的英雄。你还知道民间故事当中有哪些像海力布这样的英雄呢?

生:新疆的民间故事中有一个阿凡提,他也热衷于帮助别人。

生:还用田螺姑娘,在她的帮助下,小伙子的生活越来越好了。

师:课后去找一找这些英雄的故事吧,找好后,我们可以用思维导图的方式将他们放在一起读,这样就更能记住他们了。我们还可以召开一次"民间英雄大会"活动,分享你认为最值得敬佩的民间英雄。

在这节课上,教师以英雄为主题,在教材已有的学习任务——复述民间故事的基础上深挖复述方法,并以开设“民间英雄大会”的形式外延学习内容,扩大学生的知识面,让学生由点及面地进行探究,促进学生的生长。

四、以生为本的活动,让生长自然有趣

教学活动是传授教学内容的重要载体,教师的教和学生的学都是在活动中得到释放和实现的,由此可见教学活动的重要性。可惜的是,当下教学活动固化、流程化、同面化的问题越来越严重,教学活动单一而不丰富,古板而无生动,这极不利于学生的学习和发展。慢语文理念下的教学活动指向学生发展,创新、丰富教学活动成为陪伴学生学习的重要一环。在具体的操作中,慢语文理念下的教学活动主要体现在教师能抛掉原有的思维认知,以新的理念和路径改善教学活动。如,改教师讲授为学生朗读、改教师提问为学生探究、改图画介绍为角色扮演等。下文将通过几则案例来具体介绍教学活动的创新。

以统编版小学语文五年级上册课文《搭石》为例。教师在讲述搭石对家乡人民的重要性时,特别强调了家乡没有搭石时人们的不方便。教师在教学这部分内容时充分利用了学生喜欢表演的特点,让两名学生面对面站立,各自向后退五步,变中间的空地为河流,让两名学生进行交流。两名学生表演时拼尽全力地呐喊,大幅度的肢体语言让其他学生感受到没有搭石的麻烦。这样的教学活动既生动有趣,又能让学生印象深刻。在满足学生兴趣的基础上,让学生对文本的理解更深刻,对学生的发展更有益。

以统编版小学语文三年级上册课文《秋天的雨》为例。在教学课文第二自然段时,教师通过反复的朗读训练让学生理解课文的内容,但教学效果不明显。教师灵机一动,将课文改成小诗,学生读起来有了新鲜感,朗读也更有韵味了。《秋天的雨》第二段原文如下。

秋天的雨,有一盒五彩缤纷的颜料。你看,它把黄色给了银杏树,黄黄的叶子像一把把小扇子,扇哪扇哪,扇走了夏天的炎热。它把红色给了枫

树，红红的枫叶像一枚枚邮票，飘哇飘哇，邮来了秋天的凉爽。金黄色是给田野的，看，田野像金色的海洋。橙红色是给果树的，橘子、柿子你挤我碰，争着要人们去摘呢！菊花仙子得到的颜色就更多了，紫红的、淡黄的、雪白的……美丽的菊花在秋雨里频频点头。

《秋天的雨》第二段改文如下。

秋天的雨，有一盒五彩缤纷的颜料。

你看，它把黄色给了银杏树，
黄黄的叶子像一把把小扇子，
扇哪扇哪，扇走了夏天的炎热。
它把红色给了枫树，
红红的枫叶像一枚枚邮票，
飘哇飘哇，邮来了秋天的凉爽。

金黄色是给田野的，
看，田野像金色的海洋。
橙红色是给果树的，
橘子、柿子你挤我碰，
争着要人们去摘呢！

菊花仙子得到的颜色就更多了，
紫红的、淡黄的、雪白的……
美丽的菊花在秋雨里频频点头。

本来是普普通通的课文朗读训练，经过教师的改编，教学活动变成了“赛诗会”，学生的积极性大大提高，学习动力也更强了。

五、以生为本的评价,让生长永存温度

教师的评价是激励学生进一步学习的强心针,多少学生因为教师的一句评价而努力学习,终有成就。慢语文的评价原则以发展性为首要,一切评价要尊重学生的发展,为学生的生长而评,为学生的发展而评。当然,发展性的评价不代表虚假的评价,它也要根据学生的实际情况,展开有理可寻的评价模式。慢语文的评价不仅体现在原则上要推动学生的发展,还体现在多种多样的评价方式,如表格式评价、文字式评价、及时评价、延迟评价等。

以统编版小学语文二年级上册课文《狐狸分奶酪》和统编版小学语文五年级上册课文《什么比猎豹的速度更快》为例,两篇课文的评价方式有所不同,但共同指向了学生的自我发展、生长。

在教学统编版小学语文二年级上册《狐狸分奶酪》课文时,教师在学习任务中提醒学生边读边思考:为什么要邀请狐狸来分奶酪呢? 小熊哥俩所谓的“公平”指的是什么? 狐狸的“公平”又指的是什么? 引导学生讨论,并通过举例子来说说对“公平”的理解,表达自己的看法。这种表现评价相对比较灵活和公正,对学生个性发展有着十分积极的促进意义。

在教学统编版小学语文五年级上册《什么比猎豹的速度更快》课文时,通过比较阅读,教师让学生分组讨论到底什么速度最快。通过列表格的形式,小组利用每一段的中心句提取信息,学习说明文的习作方法,然后通过组内点评、教师总结式评价等方式促进学生进步。

教学的一切目的都指向学生的生长。其实,生长是一个较为艺术化的概念,其核心就是学生的发展。教学如果脱离了学生本体的发展,那么一切活动和手段都将是无效的。新时代的教师应该在发展学生的基础上,勇于创新,在各个领域有“新点子”“金点子”,这样才能使我们的语文教育长久弥新。

第二节　慢语文:为智慧而教

林崇德说:“思维是人类特有的理解和解决问题的有目的的活动,是智力和能力的核心,语文教学自始至终应将思维的训练放在首位。它可以影响和带动其他三项语文核心素养的发展。”①但是长期以来,语文课堂忽视思维的发展,特别是批判性思维的发展,导致其成为语文传统教育当中最弱的一根琴弦。

一、为思维学语文:慢语文课堂呼唤“思维”

为思维学语文,是当下语文课堂教学缺位的使然。

1. 教学流程千篇一律,缺乏思维的广度

走进不同年级的语文课堂,却发现惊人相似的教学流程:学习字词—梳理主要内容—逐段简析。同一个模子、同一张面孔,语文课堂平淡乏味,学生也懒于思考,习惯了记记笔记、背背答案。千篇一律的教学模式加上应试教育的干扰,在日常语文课堂上,教师更注重指向标准答案的教学,而忽视了打开学生思维的广度。

2. 课堂提问浅尝辄止,缺乏思维的深度

我们觉得“问题往往是思维的起点”。课堂提问能够助推学生解决问题,促进学生积极思考,提高学生的思维能力。但在日常语文课堂上,我们常常看到,由于教师对教材的解读不深入,提出的问题浮于表面,过于琐碎,无法激活学生的思维,更无法触动学生的语文情感之弦。课堂上“打乒乓式的问答”,浅尝辄止,缺乏思维的深度。

3. 学习过程浮光掠影,缺乏思维的长度

《新课标》提倡阅读教学重在引导学生经历思考的过程,激活学生的语

---

① 林崇德.智力结构与多元智力[J].北京师范大学学报(人文社会科学版),2002(1):5-13.

文思维,彰显学生思维的厚度。但阅读教学“内容分析式”的讲读长期以来一直占据着语文课堂:或教师的侃侃而谈,剥夺了学生自主探究的时间,占据了学生的思维空间,学生只能依附于教师的结论,肤浅地体会;或先进生的思维“抢注”替代了大部分学生的思维,答案的过早呈现让学习的思考过程未能充分展开,浮光掠影的语文课堂难有真正的思考,更缺乏有效思维的长度。

二、为思维学语文:慢语文课堂评鉴思维

《新课标》指出,语文核心素养是通过语文课程学习逐步形成的正确价值观、必备品格和关键能力。基于语文学科的核心素养,小学语文思维课堂至少有以下三个评鉴向度。

1. 参与思维的热度

语文思维课堂评鉴的第一个标准,应该是学生有没有兴趣参与思维。学生参与思维的机会越多,参与的面越广,积极主动参与思维的状态越好,思维的活跃度就越高。因此,教师在语文思维课堂上不仅要关注学生是否掌握了学习的内容,还要关注学生是否兴趣盎然地投入学习的过程,是否真正沉浸在“思”的场域里。

2. 善于思维的技能

语文思维课堂评鉴的第二个标准,应该是学生会不会思维。学生思维能力的培养,关键在于“思”本身。一直以来,语文课堂的“弱思维”甚至是“不思维”现象比较严重。怎样变“弱思维”为“能思维”?这就需要通过科学的方式进行训练,比如比较、推断、质疑、讨论、联想、想象等。学生越是具备了多种思维技能,就越能利用这些思维技能开展思维活动。

3. 创新思维的视界

语文思维课堂评鉴的第三个标准,应该是学生有没有思维创新能力。创新精神需要有发散性思维,乔治·波利亚指出:“学习的最好途径是自己

去发现,在问题解决的学习过程中,教师要为学生创造一个适合学生自己去寻找知识的意境。”[①]因此,语文思维课堂倡导结构化的学习,鼓励学生独立思考、自主探究。教师需要创设富有挑战性的任务,有意给学生设置障碍,使学生打开思维“视界”,引导学生周密思考,促使学生对问题深入探究,不断锤炼学生思维的深刻性、灵活性与创新性。

三、为思维学语文:慢语文课堂绽放思维

随着“思辨性阅读与表达”学习任务群的提出,循着语文思维课堂的评鉴标准,我们努力把思维训练贯穿于语文教学的全过程。注重学生在课堂上的独立阅读、深入思考和个性表达,让学生在语文课堂上迸发出思维的火花,看到思维拔节的生长。

1. 拾掇“盲点”,增加思维含量

(1)“课前 3 分钟”,不只是为了积累

“课前 3 分钟”作为语文课堂的常规,利用每节课前 3 分钟或背古诗或背文言,由此成为语言积少成多的绝佳时间,被很多教师所青睐。但教师在安排课前 3 分钟的时候,大部分都只是单一地为了积累,这是师生很容易忽视的思维“盲点”。在教学统编版小学语文五年级下册《自相矛盾》课文前,我们安排的课前 3 分钟首先是让学生读读谚语,如“兔子不吃窝边草;近水楼台先得月”“人不犯我,我不犯人;先下手为强,后下手遭殃”“亡羊补牢,未为迟也;亡羊补牢,为时已晚”等。读完后,让学生思考,左右两列谚语有什么特点?学生发现两句谚语刚好相反,前后矛盾。由此,我们抛出问题:为什么意思相反的两句谚语能合理存在?通过整个文本的学习,在课的最后,我们又提出了以下一个情境式的问题。玲玲马上要期中考试,但直到考试前一个晚上才想起来要复习。妈妈说:“‘亡羊补牢,为时已晚!’你现在复习有什么用!”爸爸走过来,却说:“‘亡羊补牢,未为迟也!’今天抓紧复习,明天

---

① 波利亚.数学的发现[M].刘景麟,曹之江,邹清莲,译.北京:科学出版社,2006.

努力考好。”这对父母说的话刚好相反,他们是怎么想的呢?这一问题与“课前3分钟”的谚语相呼应,结合生活,解决实际。语言是思维的外壳,学生能说出语言背后的含义,就是内隐思维的外显。

(2)“字词统计学”,不只是为了节时

以往的字词教学,教师比较常用的模式是:先带着拼音读,再去掉拼音读,然后提出不理解的词语。在整个过程中,学生几乎不用动脑筋。这样的字词教学不仅费时,而且效果不好。在语文思维课堂上,我们努力改变这种教学方式,让学生提前自学字词,完成预学作业。通过字词学习的统计,反馈学生易错、难理解的字词作为学习的材料。如统编版小学语文五年级下册《田忌赛马》课文的字词学习,通过课前统计,学生的错误集中在“赢得”的“赢”,少了“口”;“引荐”的“荐”写成“见”,“摩拳擦掌”的“摩”写成“磨”,“出谋划策”的“划”写成“化”。教师聚焦学生的错误点,有的放矢地教学,从字理出发,告诉学生古代人赢得成功的五大要素:亡——危机意识,口——沟通能力,月——强健身体,贝——财富筹码,凡——平和心态。让学生结合这五大要素,自己思考“赢”字的构字意义,这样学生就牢牢记住了“赢”字。针对“引见”“磨拳擦掌”“出谋化策”这三个词,可以先让学生发现错误共性,找到是不理解意思造成同音字出错的病症后,教师再让学生通过查字典、结合典型的“毛遂自荐”等历史故事自己探究词语意思,从而化解学习的难点。这个过程,不仅节约了学习字词的时间,还在自我分析和探究中增加了思维的含量。

(3)“故事巧梳理”,不只是为了概括

概括故事的主要内容是五年级语文教学的重点,学生概括主要内容就必须提取信息、组织语言,这个过程本身就很锻炼思维。我们在教学统编版小学语文五年级下册《跳水》课文时,让学生根据课后习题第2题先试着把起因、经过、结果梳理出来,填写完整:水手拿猴子取乐⟶(　　　　)⟶(　　　　)。

五年级学生已经具备初步概括主要内容的能力,但并不能概括得很完整。为了更好地训练学生的思维技能，我们采用了比较、判断、整合等方式，为学生呈现几种有代表性的答案：

A. 水手拿猴子取乐——（孩子想拿回被夺走的帽子）——（船长逼孩子跳水，孩子得救）；

B. 水手拿猴子取乐——（猴子戏弄孩子，孩子爬上桅杆，危在旦夕）——（船长打枪，孩子跳入海中得救）；

C. ……

然后，让学生对几种答案进行比较、判断，看看怎样概括得更全面。学生通过讨论、探究，最后整合出相对完整的主要内容：水手拿猴子取乐——（猴子逗孩子，孩子追猴子，爬上最高的横木，陷入险境）——（船长打枪逼孩子跳水，孩子跳入海中，化险为夷）。这个梳理故事内容的过程，从概括到比较，再到整合，学生的思维得到很好的锻炼。

2. 架设“支点”，疏通思维逻辑

支架式教学模式诞生于维果茨基的“最近发展区”理论。课堂上，教师根据学生的学情，搭建阅读和思考支架，找到“支点”，为学生提供支持和引导，有助于学生思维的发展。

（1）“一表”，判断人物思维的不同

比较是阅读教学中最常用也是最好用的一种策略，我们常常用表格梳理两者或多者之间的对比。借助表格支架，教师引导学生在读文、填表、比较的过程中，展开自己学习的思维过程。比如在教学统编版小学语文五年级下册《自相矛盾》课文时，教师结合单元语文要素，让学生了解人物的思维过程，加深其对课文的理解。我们用一张表串起了整个文本的学习（见表 1）。

表 1　楚人与路人的不同想法

人　物	语　言	想　法	思　维
楚　人	吾盾之坚,物莫能陷也。 吾矛之利,于物无不陷也。	夸得越好,卖得越多。	单一思维
路　人	以子之矛陷子之盾,何如?	莫能陷　无不陷 ↓　↓ 矛必断　盾必破	综合思维
作　者	不可陷之盾与无不陷之矛。 不可同世而立。	贤舜,则去尧之明察;圣尧,则去舜之德化,不可两得也。	迁移思维
读　者	角度不一,思维不一。		多元思维

我们先是引导学生抓住文中楚人的语言“吾盾之坚,物莫能陷也”“吾矛之利,于物无不陷也”,通过“读—比—演—想”四步法,引导学生思考人物语言背后的含义,从而得出楚人的单一思维:认为夸得越好,卖得越多。接着,我们引导学生找到路人的语言“以子之矛陷子之盾,何如?”分析路人的想法,借助表格理清路人思维:莫能陷——矛必断;无不陷——盾必破。由此,学生得出路人的思维是综合思维,考虑问题时会推测,更全面。然后,我们引导学生找到第三个人物,即作者。文章最后一句“夫不可陷之盾与无不陷之矛,不可同世而立”相当于作者的语言,其语言背后的思想是什么呢?我们补充了当时儒家称颂尧舜均为圣人的材料——韩非子认为:“贤舜,则去尧之明察;圣尧,则去舜之德化,不可两得也。”通过资料的补充,学生更加明白作者的用意:一是点明寓意,二是反驳儒家思想。最后,我们推出第四个人物,即读者(学生自己)。在学习的参与中,我们也是思考者。通过这样一张表就能把不同人物的思维尽显其中。

(2)“一图”,推导人物思维的历程

思维看不见、摸不着,如何让学生的思维可视?思维导图是促进学生思维发展的有效载体,我们运用思维导图支架呈现人物的思维过程,同时也呈现学习者思考的历程。在教学统编版小学语文五年级下册《田忌赛马》课文时,我们设计了思维导图来帮助学生理解孙膑的思维,同时展示学生学习的思维。

学生根据思维导图,首先通过文本信息的提取,找到孙膑为田忌出的主意——换马的出场顺序,其次引导学生聚焦课文第二自然段,找到孙膑出此对策的依据:“同等马脚力相差不多”“都能分成上、中、下三等”。这个思维过程是最重要的,也是展开人物思维过程最难的部分。我们通过小组讨论,结合四年级数学广角中学过的“博弈中的策略优化”进行“排兵布阵”。通过实战演练,充分展开互学,还原了孙膑的整个思维过程,达到思维外显。

(3)“一问”,实证人物思维的机智

问题链是阅读教学中最为常用的教学支架。开放性的好问题,能激发学生对文本的探究兴趣,引导学生深度思考,培养其思维的丰富性、创造性和批判性。在教学统编版小学语文五年级下册《跳水》课文时,我们结合课后习题,提出文本最关键的一问:船长在紧急关头用枪对准儿子,逼其跳水,这一做法好不好?为什么?学生分成若干小组进行讨论,从文中寻找证据。经过讨论,学生最后得出,这一做法的可行性在于:一是情况紧急,儿子站在最高横木上,危险系数大,只能在短时间内离开横木,相对于摔在甲板上,跳入海水中活命的概率更大;二是儿子从小跟随自己生活在船上,水性不错,跳入海中,自救的可能性也很大;三是水手们都在甲板上,水性都非常好,近距离跳入海中救孩子,孩子得救的概率也很大……

学生呈现各个理由的过程正是对文本信息的重组和二次解读,也是对船长紧急关头思维敏捷的最好分析。

3. 拓宽“视点”,提升思维运用

语文是一门实践应用性语言学科,须结合学生的生活,关联生活语用,为学生的语文实践活动搭建场景,拓宽“视点”,提升学生的思维运用能力。

(1)辨一辨,辨清思维矛盾点

陶行知主张“课堂来源于生活,生活作用于课堂,最后又回归于生活”。[①] 我们将课堂学习所得运用于学生生活,紧密联系两者,让学生在语文实践中提升思维。如,在教学统编版小学语文五年级下册《自相矛盾》课文的最后,我们安排了如下拓展练习。

联系生活,下列情境属于自相矛盾的是哪几项?说说理由。

①一个年轻人对爱迪生说:“我想发明一种万能溶液,它可以溶解一切物品。”爱迪生听罢,惊奇地问:“那你想用什么器皿来放置这种万能溶液?”

②小吴成绩退步很多,跟妈妈保证再也不玩游戏了,要认真学习,可是他趁妈妈出差时,在家通宵达旦地玩游戏。

③网络与学习,两者既对立又统一,如果过分沉迷网络,学习肯定好不了;但如果只是“尽信书”埋头苦读,那么也会错过网络上丰富的知识。

学生根据判断、辨析,从生活中发现了多个“楚人”。由此,矛盾点逐步清晰,价值观逐渐树立。

(2)练一练,练出思维创新点

语言是思维的外壳,语言文字训练的背后是思维的培养与提升。我们需要深化语言,让思维富有创新力。在教学统编版小学语文五年级下册《田忌赛马》课文时,为了让学生锻炼语言、深化思维,我们设置了以下两个教学情境。在第一个教学情境中,当学生图解了孙膑的思维后,我们抛出一个情境练习:齐威王如果在第一场比赛结束时,就能警觉地发现田忌的马的上场顺序发生了改变,你觉得他要如何处理,才能赢得比赛?以这一练习再次掀起学生思维的高潮,鼓励学生进行创造性的思考,最后在“排兵布阵”中得出第二场谁先“出马”谁就有更大胜算的结论,颠覆了学生旧有的思维。在第二个教学情境中,班级进行《田忌赛马》故事比赛,以不同的身份讲述故事,可以是孙膑的身份,说说这场比赛自己是如何设计和精心安排的;也可以是

---

① 徐莹晖,王文岭.陶行知论生活教育[M].成都:四川教育出版社,2010.

田忌的身份,向齐威王汇报孙膑出谋划策的来龙去脉;还可以是大臣的身份,询问孙膑赛马的想法。通过变换身份进行讲故事训练,让学生在语文实践中习得语文,练出思维的创新点。

(3)扫一扫,扫出思维生长点

培养会思考的人,除了在课堂教学中要鼓励学生独立思考、大胆质疑外,我们也要从课堂内延续到课堂外,让学生多角度、多层次地理解文本,学以致用。如在教学统编版小学语文五年级下册《田忌赛马》课文时,我们根据课后习题第3题,让学生阅读了数篇历史上以谋略取胜的故事。读完后,学生选择自己最感兴趣的一篇,尝试设计独特新颖的思维作业,然后教师把学生设计的不同层次的思维训练题汇集在一起,形成拓学作业助力码。学生可以通过扫码选择故事进行阅读和思维练习。在拓学作业助力码中,扫出了思维生长点,扫出了东方智慧,扫出了文化自信。

慢语文倡导为智慧而教,从知识本位走向素养本位,是语文思维课堂追求的使然,是语文核心素养落地的应然,也是时代科技发展的必然,它对理性思维的培养、对人的终身发展具有重要意义。

第三节　慢语文:为未来而教

将语文教育和未来勾连在一起,使两者产生了千丝万缕的联系。《新课标》明确指出:语文是工具性与人文性相互统一的课程,小学语文有着基础性的特殊地位。细看《新课标》,我们不难发现,“为未来而教”基于小学语文的四大课程内容,即文化自信、语言运用、思维能力和审美创造,其最终指向的是全面提升学生的语文核心素养。这与慢语文的核心理念如出一辙。

一、以文化人,多方渗透

《新课标》核心素养内容的第一部分就提出了文化自信,对未来小学语文教学的重要指向作出了调整。《新课标》对文化自信作出了如下表述:文化自信是指学生认同中华文化,对中华文化的生命力有坚定信心。通过语文学习,热爱国家通用语言文字,热爱中华文化,继承和弘扬中华优秀传统文化、革命文化、社会主义先进文化,关注和参与当代文化生活,初步了解和借鉴人类文明优秀成果,具有比较开阔的文化视野和一定的文化底蕴。为此,小学语文教师应积极培养学生的文化自信,使学生自主传承祖国语言文字的文化成果,并主动参与文化生活。具体而言,培植学生的文化自信对学生的未来之路有什么重要影响呢?教师应当如何在现行小学语文的教学中实现文化自信的超越呢?

1. 以文化人,未来之路的核心所在

培植学生的文化自信对学生未来的发展而言有着重要意义,其主要表现在以下三个方面。第一,开阔学生的文化视野,唤起学生对祖国优秀传统文化的认同意识。在小学语文课程中培植文化自信能够让学生了解祖国优秀的传统文化、革命文化以及社会主义先进文化。当学生掌握了这些知识后能够产生对祖国的认同感,有利于未来为祖国建设贡献力量。第二,提升学生的道德水平。文化自信是提升学生道德水平的一剂有力的良药。古代的圣贤君子、革命时期的民族英雄、新中国的无私建设者们,他们的故事和事迹影响着一代又一代的学生。学生在他们的影响下逐渐形成、提升、完善自己的道德水平。第三,培养学生分辨美与丑的重要能力。我国的文化自带净化功能,学生在文化的熏陶下,逐渐形成对美与丑的辨别能力,养成向美弃丑的价值取向。

2. "多方渗透",慢语文下的文化自信实现之路

慢语文强调通过优秀的文化滋养学生的心灵,使学生在学习的过程中既受到文化的润泽又能传承、发扬文化。在实际教学中,慢语文也为文化自信的培植与超越提供了可操作的方法。

(1)创设浓厚文化氛围

教学时,教师可以有目的地创设文化的氛围,如教室的布置、教具的选择等。在语文教学中则是在恰当的时刻融入文化的因子,使课堂氛围沉浸

在浓郁的文化当中。

如在教学统编版小学语文五年级上册《桂花雨》课文时,教师可以带着学生共同品尝桂花糕,说一说吃桂花糕的体会是怎样的?学生一边品尝传统美食,一边感受桂花所代表的浓浓的思乡之情。再如在教学统编版小学语文五年级下册《梅花魂》课文时,教师可以先出示关于梅花的诗作,如《墨梅》《梅花》等,让学生联系已有经验谈一谈梅花在自己的印象当中是怎样的一种花。学生在谈到梅花的精神时,就会将坚韧不拔、映雪绽放等词说出。教师因势利导将话题转回当下要学习的课文,学生在浓郁的文化氛围中体会课文中外祖父对祖国的热爱之情。

(2)编排饱含文化的任务

教学时,教师还可将文化渗透在学习内容当中,让学生在理解所学知识的同时感受文化的魅力。

如在教学统编版小学语文六年级上册《草原》课文时,教师讲解最后一道课后习题,即从蒙汉人民分别的画面中,你是否想到了你和好友分别时的场景?当时是怎样的?写一写。这道题目要求学生写一写分别的场景,教师巧妙地将李叔同的《送别》融入学习内容,编排了一个饱含文化的学习任务,即从李叔同的《送别》中找一找分别时常用的意象,以此来体会文化的独特之处。

(3)倡导文化的实践活动

文化自信需要学生传承祖国优秀传统文化并发扬光大,同时也需要教师有目的地开展一些以文化为主题的实践活动,通过丰富多彩的实践活动来熏陶学生。

如在教学统编版小学语文六年级下册《北京的春节》课文时,课文中出现了北京春节前后的各种节日,如腊八节、小年、除夕、元宵节等。教师可以此为题开设一场北京春节文化大会,让学生收集关于北京春节的习俗活动,并带到课堂上与同学们分享。

文化自信的培植是学生未来之路的核心,是我们广大教师为党育人、为国育才、为民教子的首要使命。在教学中,注重文化自信的培养是我们的首要责任。

二、语言为本,多管齐下

《新课标》指出,学生在丰富的语文实践中,通过主动的积累、梳理和整合,初步具有良好语感;了解国家通用语言文字的特点和运用规律,形成个体语言经验;具有正确、规范运用语言文字的意识和能力,能在具体语言情境中有效交流沟通;感受语言文字的丰富内涵,对国家通用语言文字具有深厚感情。从《新课标》中不难看出,语言运用应当成为我们小学语文教学的核心,如何才能在教学实践中实现语言运用的超越呢?这需要教师转变教学观念,变“为应试而教”为“为素养而教”。

1. 丰富课堂练习,训练语言运用

慢语文倡导教师在教学过程中开展丰富的课堂练习来进一步加强学生的语言运用能力,保证学生的语言运用能力得到提升。如在“读”的方面,教师可以在阅读文本的过程中,引导学生对文本进行进一步的赏析和分享,甚至说出自己对文本的理解和批判。在“写”的方面,教师可以通过丰富的活动,让学生在学习的过程中不断提升自己的语言表达能力和信息收集能力。此外,教师还需要不断地丰富自己的练习模式,让学生能够更加积极地融入课堂的学习过程。

以统编版小学语文四年级下册课文《铁杵成针》的教学为例,教师在教学末尾创造了一个“二次相遇”的情境,即李白再一次来到山下,与老妇人重逢。此时的李白可能会对老妇人说些什么呢?老妇人还会怎样教育李白呢?这个教学片段训练了学生的习作能力,让学生在理解学习内容的基础上,联系自己的生活经验来进行合理的想象与创编。

2. 注重阅读积累,丰富语言运用

《新课标》以具体的数字要求小学阶段学生所要积累的汉字,如第一学段的识字量为1600,写字量为800。这些显性的数字都在提示我们小学语文教师需要注重学生的基础积累量,教师在教学时要能够积极地要求学生进行相关语言基础内容的学习积累,让学生能够在已经掌握的内容的基础上进一步对课外相关内容进行学习积累。

如在教学统编版小学语文三年级上册《大青树下的小学》课文时,教师注意到这篇课文所处的单元语文要素是“关注有新鲜感的语句”。在课文教学中,教师鼓励学生积极挖掘富有新鲜感的语句并和学生共同品读、赏析。在此基础上,教师明确了什么样的句子才叫有新鲜感的语句,让学生在自己读过的文章中再去挑选有新鲜感的语句,并将它们抄写在积累本上,与其他同学分享。这个过程就是教师有意识地丰富学生语言积累的过程。

3. 创设真实情境,激发语言运用

创设真实的情境有利于进一步激发学生对语言文字的学习兴趣。语言并非抽象的文字表达方式,其必须在具体的情境中才能发挥独特的魅力。教师可以结合学生的具体生活来创设相关情境,让学生能够在感受具体事物的过程中不断提升语言文字的基础应用能力,进而有效促进学生语文核心素养的提升。

如在教学统编版小学语文五年级上册《慈母情深》课文时,“鼻子一酸”是一个较难理解的词汇。教师可以通过情境模拟的方式让学生感受“鼻子一酸”是一种怎样的感觉,说一说在日常生活中自己有没有过“鼻子一酸”,那时候的感受是怎样的?然后再带回到课文当中,让学生感受母亲为了给“我”钱买书竟能不辞辛苦地工作,此时的“我”鼻子一酸。

语言运用是学生生长之路的基石,在教学中要多管齐下,不断丰富学生的语言。

三、思维增质,逐级提升

语文课程的超越主要体现在学生的思维得到提升,语文课程由认知识记变成思维分析,这是慢语文课程质的飞跃。《新课标》指出,思维能力是指学生在语文学习过程中的联想想象、分析比较、归纳判断等认知表现,主要包括直觉思维、形象思维、逻辑思维、辩证思维和创造思维。思维能力的发展能够有效促进学生更好地理解语文知识。在传统的小学语文教学中,很多教师的讲授固化,学生只能单方面地听教师灌输知识,自己并没有对语文知识产生更深刻的认知。在这种情况下,学生的学习效率提高无望,对语文知识的理解也停留在表面,没有了自己的思考。而在小学语文核心素养理念下培养学生的思维能力,可以让学生运用语文思维更客观、更透彻地理解语文知识。在实际的课堂教学当中,思维能力的训练要落实并逐级提升。

1. 优化问题设计,思维增量

问题是驱动语文教学的推手,精彩的语文课堂就是在一个又一个有思维量的问题的推动下呈现出来的。然而,目前我们许多教师在设计问题时更侧重学生的检索和识记,提出的问题往往能通过阅读文本在课文中找到相关语句进行作答。这样的问题失去了思维含量,不利于学生思维能力的发展。因此,优化问题设计是保证学生思维增量的重要前提。

如在教学统编版小学语文五年级下册《两茎灯草》课文时,教师先是提出了一个认知层面的问题:你从哪里能感受到严监生的吝啬,找一找相关的语句,圈圈画画。学生在该问题的引导下在课文中逐段寻找,答案反馈也相对完整。但此类问题停留在对文本的感知上,少有思维的参与。后来,这位教师将问题完善为:你认为严监生是一个吝啬的人吗?可不可以用“节俭”来形容他?一个节俭的人难道不值得人尊重吗?这个问题一出,立即激起了学生的兴趣,学生反复阅读、小组合作交流,思维被充分调动起来。在解决问题的过程中,发展了学生的思维能力。

2. 优化作业设计,思维拓展

作业是检验学生学习水平的工具。在新时代的语文教育中,作业不仅扮演着检验工具这一角色,还扮演着提升学生思维的重要角色。一份好的作业设计能对学生的思维进行拓展。在具体的教学过程中,教师应该注意作业的设计要避免唯知识检验,还要增加作业的思维含量,做到学生思维的拓展与提升。

例如在开展《西游记》整本书阅读教学时,教师布置了“西游大闯关”的课后作业。这份作业完全由选择题和填空题组成,所问的问题也停留在识记层面,如“孙悟空成佛之后的封号是什么?”“白骨精是哪一座山上的妖怪?”“唐僧师徒取经一共经历了多少磨难?”这些问题可能会检验出学生对名著的掌握情况,但过于表面、片面。教师优化后的作业设计则变为:“你认为师徒四人中的哪一个在取经的过程中成长最大,为什么?”“请你通过表格的方式梳理唐僧和孙悟空的几次离别,说一说唐僧每一次赶走孙悟空的理由以及你的感受。”这样的作业明显带有思维量,它能在检验学生的同时拓展学生的思维,从而让学生思考得更多、更全面。

思维是一个看不见、摸不着的存在,但学生未来的发展与思维息息相关,提升学生的思维能力是我们新时代语文教师的重要使命。

四、审美创造,熏陶滋养

《新课标》对审美创造的阐释是这样的:审美创造是指学生通过感受、理解、欣赏、评价语言文字及作品,获得较为丰富的审美经验,具有初步的感受美、发现美和运用语言文字表现美、创造美的能力;涵养高雅情趣,具备健康的审美意识和正确的审美观念。文字本身就是美的,同时也是培养学生审美能力的重要内容。小学语文审美教育在学生的学习和成长过程中起着丰富内心世界、完善人格的作用。学生审美素养关乎其未来成长,而现阶段的语文教学过程却缺乏美育的有效融入。教师应在教学过程、文本解读以及实践活动设计等方面熏陶、滋养学生的审美创造能力。

1. 语言熏陶,滋养美

教师在教学中应该充分利用教学语言来营造一种美的氛围,使学生在这样的氛围中感受美,滋养美的生发。教师在课堂上不仅要把知识讲清楚、说明白,还要做到讲好普通话。通过生动形象的教学语言、富有节奏的语调引导学生运用情感、想象、联想等理解和感悟文学作品中的人物形象、情景、意境、故事情节、思想感情等,使学生在充满美感的环境中积极主动的学习,让学生受到美的感染和熏陶,不断提高学生的审美创造能力。

例如在教学统编版小学语文六年级上册《桥》课文时,教师运用完美的语言为老支书唱了一首生动感人的赞歌:“他是一位临危不乱的老汉,危险来临时不惧怕;他是一位镇定果断的支书,指挥撤离有方法;他是一位舍己为人的党员,大无畏奉献精神环绕着他;他是一位爱护孩子的父亲,钢铁的身躯,温柔的灵魂。”这样的教学语言一出,学生立马感受到了文字的魅力,沉浸在这段美的感受当中。

2. 文本解读,感受美

好的文本就是好的方法,好的文本更是学生感受美的素材。古今中外无数经典文学名著出现在我们统编版小学语文教材当中,这些名著如璀璨的明珠熠熠生辉,滋养了一代又一代的学子。教师在教学这样的文本时,就要有意识地带领学生通过对文本的解读来感受其背后的美。

例如,统编版小学语文五年级上册《示儿》是一首充满了无助和无奈的古诗,但文字背后的美从未缺失——这是一首具有悲壮之美的古诗。“王师北定中原日,家祭无忘告乃翁”抒发了诗人陆游对祖国的满腔热血,以及对当朝统治者的熊熊怒火。但他不曾放弃希望,他相信希望可能会迟到但绝不会缺席。于是“王师北定中原日,家祭无忘告乃翁”再也不是临死前的无助叹息,而是变成了一种悲壮的呐喊。这样的诗句本身就饱含情感,通过这样的诗句让我们体会到了一番别样的美。

3. 多样活动,创造美

语文教学实践活动是课堂教学的延伸和深化,是培养学生审美素养的重要途径之一。教师通过组织丰富多彩的教学实践活动,赏析优秀的文学作品,积累学生的审美体验,全面发展学生创造美的能力,让学生能够学以致用,在现实生活中发现美、欣赏美、创造美。在教学过程中,教师应有学习任务群的意识,在一个又一个任务的驱动下,激励学生创造美。

例如在教学统编版小学语文六年级下册《腊八粥》课文时,教师设计了三个学习任务，即“品读腊八粥的故事”“品味腊八粥的习俗”“说说腊八粥的浓情”。“品读腊八粥的故事”是基于教材内容而言的，旨在让学生理解课文内容；“品味腊八粥的习俗”则是要学生在理解教学内容之后谈一谈自己对腊八粥的了解，说一说腊八粥背后的文化习俗；“说说腊八粥的浓情”中的腊八粥变成了带有情感象征的符号，学生谈一谈由腊八粥引发的情思，分享自己的情感经历。在这三个学习任务的驱动下，学生对美的创造也就逐步完成了。

审美创造是学生情感的重要载体，语言的熏陶、文本的解读、活动的设计是培养学生审美创造能力的重要途径，也是学生未来形成良好审美能力的重要保证。

《新课标》从四个方面诠释了语文的核心素养，为学生未来要走的路指明了方向，也提供了方法，以帮助学生解决未来学习生活之路上的困难。总之，慢语文以学生为出发点，最终的落脚点也在学生身上。在慢语文的润泽下，让我们共同开启美好的语文教育之旅。

跋

慢语文——让孩子享受语文学习的过程

从 2009 年开始，我一直走在童心课堂的研究路上。我愿意尊重儿童成长的规律，愿意倾听儿童的声音，愿意站在儿童的角度思考语文教学，努力践行儿童本位，大胆地在自己的课堂上进行教学改革。在不断的实践中，我慢慢读懂儿童，慢慢走近儿童。

越是走近儿童，我就越发现我们语文课堂教学的弊病。第一，过于追求课堂的完美，听不到学生不一样的声音。课堂上，教师总是希望学生的回答一语中的，能完美地呈现自己教学设计的价值期待。对于学生的“旁逸斜出”，教师往往不愿意停下脚步等一等、问一问、探一探。第二，过于追求语文教学的“立竿见影”，看不到学生静思默想的样子。操之过急的学习，使得语文能力的习得异化为应试取分的“本领”操练。课堂上，过早给予的标准答案剥夺了学生思考的时间和空间，学生只能无奈地全盘接受。第三，过于追求语文教学的高效，导致快节奏的内卷，看不到学生脸上学习语文的快乐。丰富多样的“教学手段”轮番上阵，牵引着学生，使其不堪重负地“疾跑”着，学生没有自我内化的时间，更无法享受文化的洗礼。

因此，近年来我提出了自己的语文主张——慢语文。

和工作室的一些年轻教师们一起探索、实践，我们越来越发现，语文真的需要慢下来。

我们觉得，语文素养，很多时候是通过“熏陶”“浸染”完成的。因此，“慢”不是“低效”“无效”，而是讲究语文学习过程的充分展开。在这个过程中，尊重儿童发展的规律，注重儿童情趣、审美的培养，激活儿童学习的动力；在这个过程中，遵循儿童自身的特点、注重儿童的自主建构，让儿童慢慢领悟、慢慢习得、慢慢养成。

一、站在儿童的角度慢读文本

叶圣陶说：“甚解岂难致，潜心会本文。作者胸有境，入境始与亲。”①的确，文章中的很多内涵是需要慢慢感受、体悟才能获得的。我们教师在解读文本的过程中，很多时候会站在成人的角度把文本深挖、细挖到非常高的高度。但我们不能忘记的是，我们面对的是儿童，我们不妨问问自己：这样的解读是儿童想要的吗？是儿童能企及的吗？这样的解读有儿童思维的参与吗？有儿童情感的介入吗？如果答案是“no”，那么这样的解读站得越高、挖得越深，离儿童就越远。这样的解读对儿童来说，是陌生的，是难以接受的。因此，文本的解读慢下来，实际上是让教师慢下来，转变角色，站在儿童的角度品读文本，用儿童的目光赏读文本，用儿童的感官触摸文本，用儿童的心灵亲近文本。

二、站在儿童的角度设计教学

有人说，理想的语文教学设计应力图和儿童一起去过“语文的日子”，让课堂像“日子”一样充满“意思”，而不是一味追求“意义”。

是的，语文本身就是最有意思的一门课程，无论抑扬顿挫的汉语音律，还是平仄押韵的诗词歌赋，抑或经久不衰的经典名著，都富含语文味，都是极有意思的。如何通过教学设计，让“有意思”的素材变成“有意思”的课堂。

---

① 叶圣陶．叶圣陶语文教育论集[M]．北京：教育科学出版社，1980．

显然,儿童是主角。

我们需要根据儿童的“喜好”来设计教学。儿童是学习的主体,尊重儿童天真、纯朴、活泼的生命自然状态,以儿童成长的阶段特征和儿童的多样性与差异性为教育支点,符合儿童身心发展规律并让儿童喜欢,依归童心,才能创造出一个富有童趣、自由和谐的教育情境。

我们需要根据儿童的“参与思维”来设计教学。在引导儿童品味文本语言的同时,关注儿童的参与思维。只有儿童的思维参与其中,儿童思维的火花才能更好地迸发,课堂才能变得灵动。

我们需要根据儿童的“个性表达”来设计教学。无论口语表达,还是书面表达,珍惜儿童独特的感受、体验和理解,鼓励儿童多角度、有创意地表达,让儿童积极主动地质疑、解疑,独特地感受语言、激活语言、运用语言,从而引导儿童从文字走向文化。

三、站在儿童的角度慢展教学

近些年来,大家都在不断追求有效的语文课堂。但越是接近儿童,我们就越感到这样有效的语文课堂过多地着眼于知识和能力,过多地注重学习的结果,而对于学习的过程与方法,对于情感、态度、价值观却并不看重。我们在追求课堂效能的同时,较少思考儿童在语文课堂上是否享受了这一学习过程。因此,在奋力追求高效语文的路途中,我们是不是可以聚精会神地想一想:语文真正的“效”是什么?是语文知识的累积,还是语文能力的递增?是认知的堆积,还是方法的建构?是眼前的分数,还是未来的成长?把这些想明白,我们语文教学中的“效”,是不是应该更多地关注儿童“在场”的状态,是不是应该让儿童在课堂上介入、投入、卷入、浸入?是不是应该慢下来等等儿童,给足儿童思考的时间和空间?因为在等待的过程中,往往能看到儿童最真实的思维状态。

真的,我们的语文课堂需要慢下来,慢慢看,慢慢听,慢慢读,慢慢写,慢慢思,慢慢悟。

最后，想特别感谢我的师父王崧舟老师。在慢语文践行的路上，他的教育思想和教育理念启发了我；在践行的过程中，他给了我很多鼓励。也要特别感谢我工作室的小伙伴们——高雅、李金昆、潘艺颖、张颖悦、郑苗苗、郑都、莫一航、沈璐等教师，一直跟随着我践行慢语文，在完成此著作的过程中，也给予了我很大的支持和帮助。

一直以来，我们努力在慢语文的理念下，引导儿童循序渐进地学习语文，慢慢体会语文学习过程中的精彩，让教学慢下来，让教育更优雅。

章桂芳

2023 年 10 月